Ralf Sotscheck

Whisky, Seetang und karierte Röcke

Schottische Geheimnisse

Ralf Sotscheck

Whisky, Seetang und karierte Röcke

Schottische Geheimnisse

Picus Lesereisen

Picus Verlag Wien

5. Auflage 2008

Grafische Gestaltung: Dorothea Löcker Wien
Umschlagabbildung: © Pictor
Druck und Verarbeitung: Remaprint, Wien
ISBN 978-3-85452-721-3

Informationen über das aktuelle Programm
des Picus Verlags und Veranstaltungen unter
www.picus.at

Inhalt

Vorwort ... 9

Ein Gedicht für einen Tiermagen ... 13

Männer in Röcken ... 16

Das ist in Possil völlig normal ... 27

Reise ans Ende Großbritanniens ... 34

Nessie, das scheue Ungeheuer ... 40

James Bond im Schottenrock ... 50

Ein Schritt in Richtung Unabhängigkeit ... 57

Es gibt keine jungen Männer mehr auf Iona ... 64

Wem gehört Schottland? ... 71

»Ich rieche Torf und Seetang« ... 78

Die Lairds von Eigg ... 87

»Das Öl schwimmt oben, die Fische schwimmen unten« ... 99

Mit dem Hirschjäger-Expreß ins Hochland ... 107

Aberdeens langsamer Niedergang ... 115

Ein seltsamer Hauch von Kreosot und Waffenöl ... 120

Camraisten gegen Hühnerpisse ... 127

Drei Japaner im Whiskyfaß ... 130

Vorwort

Das Land habe ein Lächeln auf den Lippen und einen Willkommensgruß in den Augen, schrieb der englische Reiseschriftsteller Henry Vollam Morton, als er Schottland 1929 bereiste. Und die Bewohner des Landes? Nach gängigen Vorstellungen sind sie sparsam und tapfer, spielen Dudelsack und tragen Röcke, trinken Whisky und beherbergen Ungeheuer in ihren Seen.

Das moderne Schottland dagegen ist weniger bekannt. Die Ölindustrie hat dem Land Auftrieb gegeben. Aberdeen ist Ölhauptstadt Europas, ein Fünftel der Einwohner arbeitet in diesem Bereich. Dank des schottischen Öls ist Großbritannien seit Anfang der achtziger Jahre Selbstversorger.

Das Öl gab auch den Anstoß zum Streben nach größerer Selbständigkeit. Als man in der Nordsee fündig geworden war, bestritt die Scottish National Party (SNP), die für Schottlands Autonomie eintritt, den Wahlkampf 1974 mit dem Slogan: »Es ist Schottlands Öl.« Die Partei gewann dreißig Prozent der Stimmen und ist seither ein Machtfaktor in Schottland. Aber es dauerte noch ein Vierteljahrhundert, bis wenigstens die Teilautonomie erreicht war. Seit dem 30. Juni 1999 hat Schottland wieder ein eigenes Parlament. Die Bereiche Außenpolitik, gesamtbritische Finanzen, Verteidigung, Sozialversicherung, Staatsbürgerschaft und Verfassungsfragen werden zwar weiterhin in London entschieden, aber alles andere untersteht dem Parlament in der schottischen Hauptstadt Edinburgh. Darüber hinaus darf es bei der Einkommenssteuer bis zu drei Prozent vom Basissteuersatz abweichen.

»Wir meinen, wenn sich die Schotten daran gewöhnt haben, seit der Vereinigung der Parlamente 1707 erstmals wieder ein eigenes Parlament zu haben, dann wollen sie auch bald über die anderen Bereiche, in denen London weiterhin das Sagen hat, selbst entscheiden«, sagt Angus Robertson, der außenpolitische Sprecher der SNP, in perfektem Wienerisch. Der 29jährige arbeitete sieben Jahre bei *Blue Danube Radio*, dann hat er sich für eine politische Karriere entschieden. Der berühmteste Schotte der Welt ist ebenfalls SNP-Mitglied, im Flur der Parteizentrale hängt sein Ölporträt: Sean Connery alias James Bond zahlt jedes Jahr fünfzigtausend Pfund in die Parteikasse, zu Wahlkampfzeiten tritt er in SNP-Fernsehspots auf und wirbt für eine unabhängige schottische Nation.

Wer aber sind die Schotten? »Wir glauben zu wissen, wer wir sind«, sagt Magnus Linklater, der Kolumnist. »Wir besitzen ein viel größeres Selbstvertrauen in bezug auf unsere Nationalität als die Engländer. Aber genau wie sie kommen wir aus allen Himmelsrichtungen. Manche stammen aus Nordirland, andere sind Kelten, aber niemand weiß genau, wo die Kelten herkamen. Sie sind die romantische Seite der Schotten. Wieder andere, wie ich, haben Wikingerblut in den Adern. Und einige von uns stammen von den Pikten ab, aber niemand weiß auch nur das geringste über die Pikten.« Es waren jedoch die Skoten, denen Schottland seinen Namen verdankt. Sie waren Kelten und kamen wahrscheinlich aus Irland herüber. Pikten und Skoten fielen immer wieder plündernd in den römisch besetzten Süden Britanniens ein, so daß Kaiser Hadrian ab 122 n. Chr. an der schmalsten Stelle der Insel eine Mauer errichten ließ, den Hadrianswall. Er bildete die Nordgrenze des Römischen Reiches.

Der Schutzwall sorgte dafür, daß Schottland eine eigene, keltisch beeinflußte Entwicklung nahm, die zum Teil bis heute nachwirkt. Henry Vollam Morton sinnierte, als er am Hadrianswall stand: »Die schottische Seite der Mauer ist niemals überwunden worden. Auf dieser Seite gab es viele Weggenossen, aber keine Herren. Hier wurden viele Lieder gesungen, aber keine Gesetze geschaffen.«

Nun, in Schottland gibt es natürlich auch eine Rechtsprechung, sie gehörte, ebenso wie das Schulsystem und die Kirche, zu den Sonderrechten, die nach der Zwangsvereinigung mit England 1707 den Schotten überlassen blieben. Diese Eigenständigkeit in diesen drei Bereichen trug dazu bei, daß nationale Kultur und Identität überlebten oder furch den Verlust der politischen Selbständigkeit sogar verstärkt wurden.

Hat der Nationalismus eine Kehrseite? Eingewanderte englische Familien erzählen von Urin im Briefkasten, vom Eierhagel auf dem Weg zur Kirche, von Prügel auf dem Schulhof. 1998 wurde ein englischer Jugendlicher in einem Vorort von Edinburgh von drei schottischen Altersgenossen totgeschlagen. Angus Robertson weist darauf hin, daß die SNP zwar eine nationalistische, aber antirassistische Partei sei und den Nationalitätsbegriff nicht ethnisch definiere, sondern staatsbürgerlich: Wer in Schottland lebt und arbeitet, ist Teil Schottlands.

Schottland sei die siebtreichste Nation der Welt, das gehe aus OECD-Zahlen hervor, sagt Robertson: »Wir besitzen die beiden größten Exportindustrien Britanniens, Öl und Whisky, den viertgrößten Bankensektor der EU und siebzig Prozent aller Energiereserven Europas. Wir müßten unglaublich inkompetent oder ständig betrunken sein, wenn wir es nicht schaffen sollten, wirtschaftlich zu überleben.«

Modernisierung und Wirtschaftsentwicklung sind eine Seite Schottlands, doch auch die andere Seite, die Theodor Fontane nach seiner Schottlandreise beschrieben hat, gibt es immer noch: »Es war eine der schönsten Reisen in meinem Leben. Ich habe nie Einsameres durchschritten.«

Ein Gedicht für einen Tiermagen

Eine Geburtstagsfeier ist eine ernste Angelegenheit, wenn das Geburtstagskind ein Nationalheld ist. Am 25. Januar feiern Schotten in aller Welt den Geburtstag des Dichters Robert Burns, und damit sie dabei nichts falsch machen, wacht der »Weltverband der Burns-Vereine« mit Argusaugen über die Festlichkeiten, deren Ablauf streng vorgeschrieben ist. Dazu gehören Unmengen von Whisky, die Überreste eines Schafes, viele Gedichte, und zum Schluß singen alle »Auld Lang Syne«, den Burns-Hit, der in den ewigen Charts ganz oben steht.

Wir feiern bei Dissidenten im Tam O' Shanter Pub in Ayr. Dort sind, im Gegensatz zu den offiziellen »Burns Suppers«, Frauen zugelassen, was völlig gerechtfertigt ist, galt Burns doch als »kaledonischer Casanova« mit einem Heer von Kindern. Außerdem ist der Tam O'Shanter ein historischer Ort: Hier besoff sich der gleichnamige Held aus Burns' berühmtestem Gedicht, bevor er nach Hause ritt und unterwegs in der Alloway-Kirche ein Hexenfest störte. Tam entkam nur knapp über die Brig o' Doon, sein Pferd Maggie büßte den Schwanz ein.

Auch bei den Dissidenten gibt es *haggis*, jenes Würgreizgericht aus allerlei Innereien, das mit Hafermehl vermischt im Schafsmagen gekocht wird. Burns hat auf diesen kulinarischen Alptraum ein Gedicht verfaßt. Der »Häuptling aller Wurstsorten«, wie er bei ihm heißt, wird von einem Dudelsackspieler angekündigt. Dahinter schreitet der Koch einher, der das stinkende Gebilde, das dem Dudelsack nicht unähnlich sieht, unter tosendem Applaus auf einer Art Bühne abstellt. Drew Goodwin, ein ortsansässiger Musiker, trägt die »Ode an den *haggis*« vor. Das muß man sich mal vorstellen: Ein erwachsener Mann liest einem Tiermagen ein Gedicht vor.

Danach verschwindet der Koch mit dem *haggis* im Hinterzimmer. Sollte der Kelch an uns vorübergehen? Weit gefehlt. Während der *piper* sich die Lunge aus dem Leib bläst, bringt der Koch den zerkleinerten *haggis* mit *tatties* und *neeps* – Kartoffeln und gelben Rüben – portionsweise zurück. Wir sind bloß Gäste, wehren wir ab, Ausländer gar, und wollen niemandem etwas wegessen. Unsinn, es sei genug da, so ein Schaf habe einen großen Magen. Ach, hätte Burns doch ein Gedicht auf Räucherlachs geschrieben, auf Bratkartoffeln oder meinetwegen auf Pizza Calzone. Aber mit einer Flasche Bunnahabhainn, einem leckeren Whisky von der Insel Islay, rutscht sogar ein Schafsmagen in den Magen.

Hugh MacDiarmid, der schottische Kommunist, nannte Burns den »Braveheart der Poesie«. Allerdings ist der Dichter nicht gefoltert und enthauptet worden, sondern im Alter von 37

Jahren an rheumatischem Fieber gestorben, was seine Position als mythische Figur aber kaum mindert. In England geht das Burns-Theater der Exilschotten so manchem auf die Nerven. Ein Andrew Cunningham hat den Club »Zum Teufel mit Burns« gegründet und fordert, den Schotten im Gegenzug ein Shakespeare-Dinner aufzuzwingen – mit Lamm in Pfefferminzsauce und warmem Bier, den englischen Spezialitäten. Das Dinner soll am 23. April, dem Todestag Shakespeares, ausgetragen werden. Die einen feiern eben den Geburtstag, die anderen den Todestag ihres Nationaldichters. Daraus kann man sicher über beide Nationen etwas lernen.

Männer in Röcken

Keiner ist stärker als Stephen King. Er wirft den Hammer weiter, das Heubündel höher und den *caber* gradliniger als die anderen. King ist Profi, im Sommer klappert er die Highland Games ab, die Hochlandwettkämpfe, und sammelt das Preisgeld ein. Viel ist es nicht. Für seinen Sieg im Siebenkampf bei den Spielen von Kilmore in der Nähe von Oban bekommt er fünfzehn Pfund. Bei den größeren Veranstaltungen gibt es schon mal sechzig oder siebzig Pfund. »Aber ich muß jeden Tag ein halbes Pferd essen, um bei Kräften zu bleiben«, sagt er. »Und die Anreise zahle ich aus eigener Tasche.« Deshalb arbeitet er während der Woche als Holzfäller. Dabei hat er gelernt, mit dem *caber* umzugehen.

Tossing the caber ist jedesmal der Höhepunkt der Highland Games. Die Athleten müssen einen fünf Meter langen und 150 Pfund schweren Baumstamm mit beiden Händen senkrecht anheben und mit der Schulter in Balance halten. Das ist nicht einfach, und wenn ein Anfänger mit dem schweren Sportgerät zu wanken beginnt, müssen Zuschauer und Schiedsrichter sich in Sicherheit bringen.

Stephen King ist jedoch Experte. Gekonnt stützt er den riesigen Stamm ab und rennt damit erstaunlich behende über die Wiese. Plötzlich bleibt er wie angewurzelt stehen und schleudert den *caber* in die Luft. Es geht dabei nicht um die Weite, sondern der Stamm muß mit dem Kopfende aufkommen, einen Purzelbaum schlagen und in der Zwölf-Uhr-Stellung liegenbleiben – also kerzengerade vom Athleten wegzeigen. King schafft immerhin halb elf. Das reicht zum Sieg, denn der beste Konkurrent bringt es nur auf eine Drei-Uhr-Stellung. Einer wird sogar vom eigenen *caber* fast erschlagen, weil der Stamm nicht genügend Schwung hat und nach hinten kippt.

Tossing the caber hat seinen Ursprung im späten 16. Jahrhundert, als die Holzindustrie, vor allem in Speyside, zu blühen begann. Die Waldarbeiter mußten die gefällten Baumstämme in den Fluß schaffen und zu Flößen binden, um mit der Strömung zum nächsten Meereshafen zu gelangen. Es kam darauf an, die Stämme so geschickt in den Fluß zu werfen, daß man sie leicht zusammenbinden konnte. Offenbar gefiel den *floaters* ihre Arbeit so sehr, daß sie daraus eine Freizeitbeschäftigung machten.

Aus der Landarbeit haben sich auch die anderen *heavy events*, die traditionellen Kraftsportarten, entwickelt – der Hammerwurf zum Beispiel, zu dem man früher das Arbeitsgerät des Pferdeschmieds benutzte, oder das Heuschleudern, bei dem ein fünfzig Pfund schwerer Ballen mit einer Mistgabel über eine hohe Stange befördert werden muß. »Dabei kommt es nicht nur auf Kraft an«, sagt Stephen King, »sondern vor allem auf Technik.«

Das gilt auch für das Kugelstoßen. Früher hat man dafür einen glatten Stein aus dem Fluß geholt, heute nimmt man eine Stahlkugel. Es ist Hamish Davidsons Spezialdisziplin. Das betagte Kraftpaket hat dichte, graue Locken, ist recht klein und untersetzt. Seinen rotkarierten *kilt,* den Schottenrock, hat er mit Hosenträgern befestigt. Als er mit der Kugel unter dem Kinn um die eigene Achse wirbelt, um Schwung zu holen, hebt ein Windstoß den *kilt* hoch – Davidson trägt eine graue Unterhose. Dabei heißt es doch, Schotten trügen nichts unter ihrem *kilt.* »Wenn die Gefahr besteht, daß man sich entblößt, zieht man vorsichtshalber eine Unterhose an«, erklärt Davidson den Traditionsbruch.

Für den Faltenrock braucht man gut fünf Meter Stoff. Er wird eigentlich nicht mit Hosenträgern, sondern mit Gürtel und Schnalle befestigt, das lose Ende wirft man über die Schulter. Weil dadurch aber die Bewegungsfreiheit der Arme eingeschränkt wird, hat sich der »kleine *kilt*« durchgesetzt, der *feileadh beg* ohne Schulterstück. Ein Engländer namens Rawlinson hat ihn erfunden. Nach der Schlacht von Culloden, in der Prinz Charles Edward Stuart 1746 den Traum von schottischer Eigenständigkeit begraben mußte, wurden den Schotten *kilt,* Dudelsack und der Besitz von Waffen untersagt, die Macht der *clan chiefs* war gebrochen. Fortan waren sie zwar noch Landbesitzer, aber ihre Armeen hatten sie verloren.

Damit waren auch die uralten Wettkämpfe, die Vorläufer der heutigen Highland Games, überflüssig geworden. Sie dienten nämlich vor allem dazu, die besten Krieger zu ermitteln. Die Wettkämpfe fanden meist nach der *tainchel* statt, der gemeinsamen Jagd mehrerer *clans,* bei der die Hirsche von den Bergen getrieben und eingekreist wurden. Nachdem die Tiere erlegt worden waren, gab es ein Festbankett mit anschließenden Wettkämpfen.

Die Hochlandschotten maßen gerne ihre Kraft. Jeder Ort hatte einen *stone of strength,* einen besonders schweren Brocken, der auf dem Dorfplatz aufbewahrt wurde. Jeder, der vorbeikam, konnte versuchen, ihn zu stemmen. So mancher Stein hat Berühmtheit erlangt, wie das 285 Pfund schwere Trumm, das in Inver bei Braemar besichtigt werden kann, oder der *putbrach* vor dem Friedhof in Balquhidder. Ein Stammeskrieg war freilich nicht nur mit Kraft zu gewinnen. Zuerst mußten die versprengten Clanmänner zusammengetrommelt werden. Das geschah mit dem *Crann-tara,* dem Feuerkreuz. Es war ein Holzkreuz, das an einem Ende mit einem blutgetränkten Leinentuch umwickelt und am anderen Ende angezündet wurde. Die Läufer strömten in alle Richtungen aus, um die Kunde vom Krieg zu verbreiten und die Zusammenkunft vorzubereiten. Wenn man ein brennendes Holzkreuz in der Hand hält, muß man flink sein. So wurde der Wettlauf wichtiger Bestandteil der Sportkämpfe.

Was ist aber ein Sieg auf dem Schlachtfeld, wenn die Nachwelt davon nichts erfährt? Die *clan chiefs* förderten die *piper,* die Dudelsackspieler, die seit dem 16. Jahrhundert die bis dahin dominierenden Harfenisten in der Gunst des Publikums überflügelt hatten. Ihre Aufgabe bestand nicht nur darin, ohrenbetäubende Musik zu machen, sondern sie waren auch für die Kriegschronik zuständig. Manch vergangene Schlacht läßt sich heute nicht mehr rekonstruieren, weil die gegnerischen *piper* es mit der Wahrheit nicht so genau nahmen und ihren eigenen *clan* ins beste Licht rückten.

Nach Culloden war es aus und vorbei. Es dauerte 36 Jahre, bis die strikten Gesetze, mit denen die Hochlandschotten gefügig gemacht werden sollten, wieder aufgehoben wurden. Großen Anteil daran hatte die Lobbyarbeit der Highland Society of London, die 1778 von schottischen Exilanten gegründet worden war. Das Dekret, das *kilt* und Dudelsack wieder zuließ, wurde in den Highlands in Gälisch an den Bäumen angeschlagen: »Hiermit teilen wir allen gälischen Söhnen mit, daß König und Parlament von Britannien das Gesetz gegen die Kleidung der Highlander, die den *clans* vom Beginn der Zeit bis 1746 gegeben war, für immer aufgehoben haben. Das erfreut das Herz eines jeden

Highlanders. Ihr müßt nicht mehr länger die unmännliche Kleidung der Lowlander tragen.« Hosen waren in der Tat hinderlich, wenn man unwegsames Gelände und Bäche durchqueren mußte: Wenn sie naß wurden, blieben sie den ganzen Tag naß, während der *kilt* schnell trocknete. Mit einem Tanz, dem *Shean triubhs,* »alte Hosen«, feierte man die Wiedergeburt des *kilts.* Das Zucken der Tanzbeine symbolisierte das Abschütteln der verhaßten Hosen.

Die Highland Society of London schrieb auch Dudelsackwettbewerbe aus. Der erste fand 1871 in Falkirk statt, wo man das Vieh sammelte, bevor es nach England verkauft wurde. Heute ist das Wettdudeln fester Bestandteil jeder Highland Games, und wenn ganze Orchester gegeneinander antreten, versteht man, warum das Instrument auch *war pipe,* »Kriegspfeife«, genannt wird. Nicht ganz so furchterregend sind die Einzelwettbewerbe, bei denen der *piper* auf einem zur Bühne umfunktionierten Autoanhänger sein Stück vorträgt. Beim *pibroch,* dem Marsch, läuft er auf und ab, bei den Tänzen, dem *strathspey* oder dem *reel,* bleibt er hingegen stehen.

Ein Engländer sagte einmal, ein wahrer Gentleman sei jemand, der den Dudelsack spielen könne, es aber nicht tue. Steven McCabe spielt, seit er acht ist. Das ist 16 Jahre her. Seitdem übt er täglich zwei Stunden. »Ich habe mir das Instrument selbst gewählt, meine Eltern haben mich nicht dazu gezwungen«, beteuert er. Fünf

Jahre war er als *piper* der britischen Armee in Münster stationiert. Er ist schmächtig, trägt einen grünkarierten *kilt* und eine Goldrandbrille und steht wie angewurzelt auf dem Anhänger, während er aus Leibeskräften in sein Instrument bläst. Vor ihm sitzt ein Punktrichter an einem kleinen Tisch unter einem Baldachin und lauscht nun schon seit Stunden einem *piper* nach dem anderen.

Die anderen Teilnehmer der verschiedenen Altersklassen stehen zwischen den Autos auf dem Parkplatz, machen Fingerübungen und stimmen das Instrument. Gregor und Keith Clunie, Vater und Sohn, beide im roten *kilt*, üben im Duett. Gregor hält ein kleines Kästchen an das obere Ende der Pfeifen, die wie ein Krake aus dem Luftsack ragen. Es ist eine Art elektronische Stimmgabel, denn wenn die Pfeifen nicht richtig aufeinander abgestimmt sind, braucht man gar nicht erst vor den Punktrichter zu treten. Es reicht dennoch nicht für die Clunies, Gregor wird Achter, sein Sohn Keith Siebter. »Vielleicht am nächsten Wochenende, bei den Spielen in Ceres.«

Ceres rühmt sich der ältesten Highland Games. Sie sollen, wenn man der Überlieferung glauben kann, zum ersten Mal im Jahr 1314 nach der Schlacht von Bannockburn stattgefunden haben. Braemar reklamiert diesen Rekord allerdings für sich: Dort soll König Malcolm III. seine Krieger schon im elften Jahrhundert zum Wettkampf versammelt haben. Die ersten offiziellen Highland Games in Braemar wurden 1817 ausgetragen.

Ein Vierteljahrhundert später kaufte Königin Victoria das Schloß Balmoral ganz in der Nähe von Braemar. Die Queen war ganz versessen auf alles Schottische, seit sie Walter Scotts Romane gelesen hatte. Sie steckte sogar ihren deutschen Ehemann Prinz Albert in einen *kilt*. Aufgrund ihrer Begeisterung kamen die Highlands in Mode, Scharen ihrer englischen Landsleute folgten der Monarchin im Urlaub gen Norden. Victoria besuchte die Spiele in Braemar 1843 zum ersten Mal, und seitdem ist kaum ein Jahr vergangen, in dem nicht mindestens ein Mitglied der Königsfamilie bei den Spielen aufgetaucht ist.

Der Steinmetz Donald Dinnie, eines von elf Kindern, beherrschte die Wettkämpfe lange Zeit, zwischen 1856 und 1876 feierte er 19 Siege. Er wog zwei Zentner, hatte aber kein Gramm Fett am Leib, behauptete man. Er war so berühmt, daß er auf Welttournee ging, die ihn nach Nordamerika, Australien und Neuseeland, bis nach Südafrika führte. Überall wollte man das Muskelpaket sehen. Dinnie stellte viele Rekorde auf, die meisten hielten bis lange nach seinem Tod. Und er soll auch ein großartiger Tänzer gewesen sein.

Tanzen ist auch nicht unbedingt das friedliche Freizeitvergnügen, das es zu sein scheint, sondern hat seinen Ursprung im Kriegerischen: Je flinker die Clanmänner auf ihren Füßen waren, desto besser konnten sie steinigen oder morastigen Boden überwinden. Außerdem hielt sie das Tanzen in der Kälte warm, und die Folgen übermäßigen Whiskygenusses verflogen schneller. Das gilt für die Teilnehmer bei den Highland Games heutzutage nicht mehr: Es sind vor allem Mädchen, manche erst vier oder fünf Jahre alt, die an den Tanzwettbewerben teilnehmen, und selbst in Schottland trinkt man in diesem Alter noch keinen Whisky. Ihre Beine bewegen sich in verblüffender Geschwindigkeit, während der Oberkörper kerzengrade aufgerichtet ist und die Hände in die Hüften gestemmt sind. Die Punktrichterinnen achten streng auf Schrittfehler, die Zuschauer sind nicht so kritisch, vor allem nicht die Eltern, die ihren Töchtern die Daumen drücken.

Die kleine Helen ist traurig. Sie ist beim Highland Fling, einem klassischen Tanz mit recht einfachen Schritten, gestolpert und hat vor Aufregung den Faden verloren. Der Vater, ein gewichtiger Mann mit einem *kilt* wie ein Zweimannzelt, tröstet die Siebenjährige. Ihre drei Jahre ältere Schwester Sheryl, das macht die Sache für Helen nicht besser, hat beim *hornpipe,* zu dem die Mädchen im Matrosenanzug antreten, den zweiten Platz belegt und einen kleinen Blechpokal gewonnen. Der steht, gut sichtbar, auf der Wolldecke, auf der die Mutter das Picknick vorbereitet hat: für die Kinder Hamburger vom Holzkohlengrill, der in einer Rauchwolke am Rand des Sportplatzes kaum auszumachen ist, für die Eltern frische Hummerschwänze in Weißweinsauce von Graham Campbells Imbißstand nebenan.

Helen hätte es zu gern, wenn ihr Vater beim Volkswettlauf oder beim Radrennen für die Zuschauer mitmachen würde, doch er interessiert sich mehr für eine zweite Portion Hummerschwänze. Um die Leute zu unterhalten, hat man im Lauf der Zeit immer neue Randwettbewerbe erfunden, die mit der Tradition wenig zu tun haben, etwa der *haggis*-Weitwurf. Möglicherweise ist es das Vernünftigste, das man mit diesem kulinarischen Alptraum machen kann.

Das letzte Ereignis des Tages in Kilmore ist das Tauziehen. Es gehört zu den *heavy events*. Es sind in der Tat schwere Jungs, die daran teilnehmen, und der schwerste ist eine Art Anker am Ende des Taus. Er hat sich das dicke Seil um den Bauch gebunden und die Füße in den Boden gerammt. Seine sieben Mannschaftskameraden greifen das Seil und lehnen sich zurück, so daß sie fast den Boden berühren. In der Mitte zwischen beiden Teams steckt ein Stab im Gras, am Seil sind im Abstand von sechs Fuß, also knapp zwei Metern, in beiden Richtungen Markierungen angebracht. Gelingt es einer Mannschaft, das Seil samt Gegnern sechs Fuß zu sich herüberzuziehen, hat sie gewonnen. Doch das kann dauern. Die Teams aus East Lothian und Kinloch liegen einander lauernd gegenüber, eine ganze Weile passiert gar nichts. Einmal soll mehr als eine Dreiviertelstunde vergangen sein, bis der Wettkampf vorbei war. Die Zuschauer feuern die wie Perlen an einer Kette aufgereihten, regungslos verharrenden Athleten an. Die Trainer beobachten die gegnerische Mannschaft mit Argusaugen. Plötzlich gibt einer das Kommando, das Team aus East Lothian zieht aus Leibeskräften, die Männer aus Kinloch stemmen sich verzweifelt dagegen und wehren den Angriff ab. Dem zweiten Angriff zehn Minuten später halten sie aber nicht mehr stand, sie lassen das Seil los, ihr »Anker«, der daran festgebunden ist, rutscht bäuchlings über die Wiese.

Zu dieser Zeit ist Stephen King mit seinen 15 Pfund Preisgeld und einem kleinen Blechpokal längst unterwegs nach Forfar, wo morgen die nächsten Highland Games stattfinden.

Das ist in Possil völlig normal

»Welcome to Queen Street!« Das Schild gilt nicht für Ian. Ein Bahnangestellter versucht, den Fünfzehnjährigen vom Seiteneingang des Bahnhofs Queen Street, einem der beiden Fernbahnhöfe Glasgows, zu verscheuchen. Ian läßt sich von der blauen Uniform des schottischen Eisenbahners aber nicht einschüchtern, vielleicht bekommt er auch gar nicht richtig mit, was der Mann von ihm will.

Ian braucht dringend Geld, den letzten Schuß hat er sich heute morgen gesetzt. Und jetzt ist es schon Nachmittag. Seine letzte Hoffnung ist der Berufsverkehr, denn dann ist hier viel los: Neben dem Bahnhofseingang in der Dundas Street führen Treppen hinunter zur U-Bahnstation Buchanan Street. Die meisten Pendler müssen an Ian vorbei.

Und an Phil. Der steht an einem Pfeiler und streckt jedem Passanten die Obdachlosenzeitung *Big Issue* hin. »Das erste Interview mit Sinead O'Connor seit drei Jahren«, preist er das Blatt an. Das ist zwar gelogen, denn die irische Sängerin ist keineswegs pressescheu, aber wenn es denn dem Verkauf nützt. Die Zeitschrift kostet bloß achtzig Pence, in London muß man mehr als das Doppelte dafür berappen.

Phil ist für diese wechselhafte Jahreszeit zu

dünn gekleidet. Man sieht ihm an, daß er in seinen Jeans und dem Flanellhemd friert. Er zeigt auf die Ladenzeile gegenüber: links ein Zeitungsladen, rechts nebeneinander zwei Kneipen, in der Mitte ein Haushaltswarengeschäft, das ausgerechnet »Home Comforts« heißt. Phil lacht. »Ein komfortables Heim habe ich seit sechs Jahren nicht mehr«, sagt er.

Seine Geschichte ist nicht weiter außergewöhnlich: nach elf Jahren Ehe die Scheidung, Auszug aus der Wohnung, Alkohol, Verlust des Jobs. »Bei meinem Kumpel ist es genau umgekehrt gelaufen«, sagt er. »Bei dem fing es mit dem Rausschmiß aus der Firma an und endete mit der Scheidung.« Auf der Straße sind sie beide gelandet. Phil ist 46, an eine feste Wohnung und an einen Job glaubt er nicht mehr. »Will ich auch gar nicht«, sagt er trotzig. »Ich bin allemal besser dran als Ian.«

Dann erzählt er von Ian. Die beiden haben sich angefreundet, wenn man das Freundschaft nennen kann. Wenn Phil viele Zeitschriften verkauft hat, gibt er Ian ein oder zwei Pfund, manchmal kauft er ihm einen Hamburger in der vornehmen Einkaufsstraße mit einer ganzen Ladenpassage von Juweliergeschäften, keine zweihundert Meter vom Bahnhof entfernt.

Phil kennt Ians Geschichte. »Er wohnt mit seiner Mutter und drei Geschwistern in der Killearn Street in Possil«, sagt er. »Manchmal taucht der Vater für eine Weile auf. Wenn er aber einen

Gelegenheitsjob hat, ist er verschwunden, bis er die Kohle wieder versoffen hat. Das ist in Possil völlig normal. Mit 14 war für Ian die Schule vorbei. Weil er der Älteste ist, sollte er sich einen Job suchen und zum Familienunterhalt beitragen. Er hat sogar eine Stelle bekommen, im Supermarkt bei ihm um die Ecke. Es war das erste Mal, daß er Geld in der Tasche hatte. Eine Stunde später war es in der Tasche des Dealers. Drei Wochen hat er den Job danach noch gemacht, dann war's aus.«

In Großbritannien leben mehr Kinder in Armut als in anderen EU-Ländern. Eurostat, das Statistische Amt der Europäischen Union, hat in einem Bericht festgestellt, daß 3,9 Millionen britische Kinder unter der Armutsgrenze leben. An zweiter Stelle liegt Italien mit 2,2 Millionen. Selbst wenn man es auf die Bevölkerungszahl umrechnet, bleibt Großbritannien mit knapp einem Drittel der Kinder an erster Stelle vor Irland mit 28 Prozent.

Die »Child Poverty Action Group«, eine Initiative zur Bekämpfung der Kinderarmut, hat den Tories vorgeworfen, 18 Jahre lang eine gezielte Strategie der Umverteilung betrieben zu haben. »In dieser Zeit ist das Realeinkommen der untersten zehn Prozent um 13 Prozent gesunken«, sagte eine Sprecherin, »während die oberen zehn Prozent jetzt 65 Prozent mehr haben.«

Ian hat sich inzwischen aufgerappelt und

klopft von seiner abgewetzten Cordhose den Staub ab. Er hat genug Geld für einen Schuß und geht in die Bahnhofshalle. Rechts sind die Schaufenster einer Drogerie, links ist der Fahrkartenschalter. Doch der interessiert Ian nicht. Queen Street Station ist ein Kopfbahnhof. Gleis eins liegt etwas abseits, weil die Schienen schon ein Stück weiter vorne aufhören. Ein Elektrozug mit zwei Waggons wartet auf das Abfahrtssignal. Ian muß nach Possilpark. Das sind nur zwei Stationen, die Fahrt dauert zehn Minuten. Wenn er Glück hat, kommt kein Kontrolleur. Sonst muß er eine Fahrkarte für siebzig Pence nachlösen.

Diesmal hat er Glück: Der Kontrolleur macht sich gar nicht erst die Mühe, Ian nach seinem Ticket zu fragen. Der Bahnsteig in Possilpark ist neu gepflastert, neben den Treppen hat man für beide Fahrtrichtungen neue Zugänge für Rollstühle gebaut. Ian nimmt die Treppe, zwei Stufen auf einmal, und biegt oben in die Balmore Road ab. Er will mich nicht dabeihaben, wenn er seinen Dealer sucht.

Nach ein paar hundert Metern stößt die Balmore Road auf die Saracen Street. Das ist das Zentrum des schottischen Heroinhandels, die Junkies kommen aus dem ganzen Land hierher. Man kann keine drei Schritte gehen, ohne einem zugeknallten Jugendlichen zu begegnen. Manche versuchen, Uhren oder Taschenrechner zu verkaufen, die sie in der Stadt geklaut haben. Es fällt auf, wie wenig Autos auf der Straße parken. Jede Woche tauchen mehr als ein Dutzend gestohlene Autos in der Saracen Street und ihren Seitenstraßen auf, darunter die Killearn Street, wo Ian wohnt. Sämtliche Geschäfte sind gesichert wie Forts, selbst im Süßwarenladen ist die Kundschaft durch Stahlgitter von der Ware und der Verkäuferin getrennt. Um die Gemüsegärtchen ist Stacheldraht gezogen.

Das war nicht immer so. Die Gießerei in Possil war im vorigen Jahrhundert weltberühmt für ihre Dampfmaschinen, in Kalkutta gibt es heute noch Musikpavillons aus diesem Betrieb. Damals, 1892, wurde auch die Oberschule in Possilpark eröffnet. Hundert Jahre später ist sie von den Tories samt dem dazugehörigen Schwimmbad dichtgemacht worden – zu geringe Schülerzahl, lautete die Begründung. »Mit dem Schwimmbad verschwand das einzige Freizeitangebot in Possil«, sagt Jim, ein Sozialarbeiter. »Ein Drittel der Menschen ist hier arbeitslos, in einem Drittel der Haushalte leben Alleinerzieher, meistens Mütter. Possil hat die schlechtesten Zahlen Großbritanniens bei Kindesmißbrauch, Kindersterblichkeit, Lebenserwartung und so weiter. Die Tories hatten Schottland abgeschrieben, lange bevor sie hier ihrer letzten Abgeordneten verlustig gegangen sind.«

Die Weltgesundheitsorganisation WHO hat in einem Bericht festgestellt, daß Glasgow die »Injektionshauptstadt der Welt« sei. 1990 hingen etwa 8500 Menschen an der Nadel, heute sind es weit über zehntausend. Wenn man die Zahlen auf Berlin überträgt, dann wären das fünfzigtausend Junkies und vierhundert Drogentote im Jahr. Autopsien werden im Schnellverfahren erledigt, der Kopf wird dabei nicht geöffnet. »Zu gefährlich«, sagt die Pathologin Marie Cassidy, »gar nicht wegen HIV, sondern wegen Hepatitis C. Man kann leicht die Luft mit dem Erreger verseuchen. Deshalb rühren wir die Köpfe der Drogentoten nicht an.«

Die Anti-Drogen-Initiative der Polizei, die 1995 mediengerecht die »Operation Eagle« durchgeführt hat, ist verpufft. »Da haben sie eine Diskothek in Airdrie nachts umstellt und sind dann reingestürmt«, erzählt Jim. »Dann haben sie ein bißchen Heroin und eine Menge Temazepam beschlagnahmt, ein paar Leute festgenommen und jede Menge Interviews gegeben.« Die Medien waren zu dem Spektakel eingeladen, ganze Busse fuhren vor der Diskothek vor. Hinter vorgehaltener Hand geben viele Beamte zu, daß die Aktion ein Schlag ins Wasser war, weil die Dealer rechtzeitig von der anrückenden Horde Wind bekommen hatten. Allein in Possil soll es 2500 Dealer geben.

Inspektor Eddie McColm, der stellvertretende Chef des Drogendezernats in der Region Strathclyde, gibt offen zu, daß er keine Ahnung hat, wie das Problem zu bewältigen wäre. »Wenn ich ein Rezept dagegen hätte, würde ich es eintüten und weltweit verkaufen«, sagt er. Er setzt auf die nächste Generation. »Niemand aus der heutigen Elterngeneration hat durchgemacht, was die 14- und 15jährigen heute durchmachen. Vielleicht dauert es noch 15 oder 20 Jahre, bis es Eltern gibt, die wissen, was hier abgeht, und vielleicht helfen können.«

Ian bleibt an dem Tag verschwunden. Auch am nächsten ist er nicht am Bahnhof Queen Street. Erst drei Tage später sitzt Ian wieder neben dem Eingang, er trägt immer noch dieselben Klamotten. Ob ich mal fünfzig Pence habe, fragt er und erkennt mich nicht. »Für eine Tasse Kaffee«, sagt er.

Reise ans Ende Großbritanniens

Man muß wohl mal dagewesen sein, wenn man Brite ist. John O'Groats gilt als der nordöstlichste Zipfel Großbritanniens, das Gegenstück zu Land's End in Cornwall, 1402 Kilometer diagonal in Richtung Südwesten. Es ist auf der Insel die weiteste Entfernung zwischen zwei Orten, und aus diesem Grund sind sie berühmt. In Wirklichkeit ist John O'Groats weder der nördlichste noch der östlichste Punkt, genausowenig wie Land's End der südlichste oder westlichste ist.

Aber das macht nichts, beide Orte leben von ihrem Ruf. John O'Groats ist ein windiger Flecken mit zweihundert Einwohnern und ein paar Häusern. Kein Baum, kein Strauch, aber ein riesiger Parkplatz für die Reisebusse, die den ganzen Sommer über auf einen kurzen Abstecher herkommen. Am Ende des Parkplatzes steht »das letzte Haus in Schottland«, ein schiefergedecktes Cottage, in dem eine kleine Ausstellung über den Ort und seine Geschichte informiert, aber vor allem Postkarten und Souvenirs verkauft werden.

»Die meisten steigen aus, machen ein paar Fotos vom Cottage und fahren weiter«, brummt Arty McKinnon. »Dabei gibt es viel zu sehen, wenn man nur ein bißchen Zeit hat.« Er stammt aus Wick, 27 Kilometer südlich, hat aber den größten Teil seines Lebens in John O'Groats als Fischer zugebracht. Jetzt ist er fast siebzig und fährt nicht mehr hinaus aufs Meer.

McKinnon bringt mich auf dem Küstenpfad drei Kilometer nach Osten zum Duncansby Head, den ein Leuchtturm markiert, wo die Klippen sechzig Meter hoch aus dem Meer aufragen, unterbrochen von Felsspalten, die von den Einheimischen *geos* genannt werden. Etwas vorgelagert sind die Stacks of Death, die Todespyramiden, fünf spitze Felsbrocken, an denen Dutzende von Schiffen zerschellt sind.

Das ist wirklich das Nordostende Britanniens. Im Nordwesten sind die Orkney-Inseln Hoy und Flotta zu erkennen. Bei klarem Wetter sieht man die Wara Hills auf der Hauptinsel, die früher Pomona hieß, heute aber meist Mainland genannt wird. Davor liegt Scapa Flow, im Zweiten Weltkrieg der wichtigste britische Marinestützpunkt. Im Ersten Weltkrieg jagten deutsche Matrosen, darunter mein Großvater, ihre eigene, gefangengenommene Flotte in die Luft, damit sie den Engländern nicht in die Hände fallen würde.

Vor Duncansby Head beginnt der Pentland Firth, elf Kilometer breit, der den Atlantik mit der Nordsee verbindet. »Hier gibt es die schnellste Strömung Großbritanniens, wenn nicht der Welt«, sagt McKinnon. »Bei Flut rast das Wasser 14 Stunden lang vom Atlantik zur Nordsee, dann bei Ebbe zehn Stunden lang in die umgekehrte Richtung. Manches Schiff saß wochenlang im Pentland Firth fest, von den Gezeiten hin- und hergeschoben wie ein Wasserball.«

Das schnelle Wasser war schon den Römern bekannt, der Geograph Diodorus Siculus kam 54 v. Chr. durch den Firth, wie seine Aufzeichnungen belegen. Aber die Römer haben Schottland nicht erobert. Vor langer Zeit, sagt McKinnon, herrschten in der Gegend die Chatten, nach Meinung der Römer »die mutigsten, klügsten und diszipliniertesten aller Germanen«. Sie kamen aus dem Hessischen, bauten *brochs,* große Steinkreise mit einem Durchmesser von rund zehn Metern und drei Meter dicken Wänden, um die Kelten abzuschrecken, mit denen sie aber später verschmolzen.

Auf dem Rückweg nach John O'Groats halten wir an der Sannick-Bucht, manchmal kommt hier auch die königliche Familie zum Picknick an den Strand mit seinem feinen, weißen Sand, der aus Muschelkalk besteht. »So einen weißen Muschelsand findest du nirgendwo anders als in Land's End«, sagt McKinnon. Warum das so ist, weiß er aber nicht. Weit entfernt, in der Nähe des Point of Ness, steht ein häßlicher Betonklotz. »Eine Firma, die den Muschelkalk abbaut und verkauft«, erklärt McKinnon. »Die Einheimischen haben versucht, die Sache gerichtlich zu stoppen, ohne Erfolg.«

Das Wasser ist trotz des Golfstroms, der durch den Pentland Firth fließt, viel zu kalt zum

Baden. Aber am Strand knien ein paar Kinder und sieben den Sand mit den Händen. Sie suchen *groatie buckies,* sagt McKinnon, eine nach innen gebogene Kaurimuschel, die es nur in dieser Gegend gibt. Eine neolithische Halskette aus diesen Muscheln, fünftausend Jahre alt, ist das älteste Schmuckstück, das in Schottland gefunden wurde. Nachbildungen davon gibt es im »letzten Haus Schottlands« in John O'Groats, wenn man Glück hat, doch die Muscheln sind rar geworden.

John O'Groats – ein merkwürdiger Name. »Er stammt aus dem späten 15. Jahrhundert«, sagt McKinnon. »Nachdem die Orkneyinseln an Schottland gefallen waren, beschloß Jakob IV., eine Fähre zur Hauptinsel einzurichten.« Damit beauftragte er drei holländische Brüder, die de Groots, die ein Stück Land an der Spitze der Grafschaft Caithness erhielten und dafür »drei Maße Malz« im Jahr abgeben mußten, so steht es im Pachtvertrag mit Jan de Groot.

Jan hatte acht Söhne, die Nachfahren betrieben die Fähre 250 Jahre lang. Die de Groots begingen den Jahrestag ihrer Ankunft in Schottland stets mit einem großen Festmahl, und dabei kam es einmal unter den acht Söhnen zum Streit darüber, wer am Kopf der Tafel sitzen durfte. Der alte Jan schickte alle nach Hause und versprach, eine Lösung zu finden. Dann baute er ein achteckiges Haus mit acht Eingängen und einem achteckigen Tisch, so daß niemand und jeder am Kopf der Tafel sitzen konnte. Das Gebäude hieß »Jan de Groot's House«, und bald hieß auch der Ort, verballhornt, John O'Groats. Das Haus, das später eine Herberge war, ist längst unter den Dünen begraben, aber »es ist fünf, sechs Meter unter dem Sand noch intakt«, behauptet McKinnon. Ein Hügel mit einem Fahnenmast markiert die Stelle. Das neue Hotel, das inzwischen auch nicht mehr so neu ist, hat ein achteckiges Türmchen, in Erinnerung an Jan de Groots Haus.

Der alte Holländer ist in Canisbay, dem Nachbarort, begraben. Es gibt dort eine unscheinbare Kirche, die Canisbay Church of Scotland, das nördlichste Gotteshaus Britanniens. Jan de Groots Grabstein steht im Flur der Kirche an die Wand gelehnt. »Mein Sohn Donald beerdigte mich hier am 13. Tag des April 1568«, steht auf dem braunen, verwitterten Stein, kaum noch zu entziffern. Natürlich ist de Groot nicht im Kirchenflur begraben, der Stein wurde 1852 unter dem Fußboden der Kirche gefunden.

Das mittelalterliche Gotteshaus hat eine merkwürdige Form, der Altar befindet sich an der Längswand in der Mitte, gleich neben dem Eingang. Die Bänke für die Gläubigen stehen seitlich vom Altar. Der Friedhof hinter der Kirche geht bis hinunter zum Pentland Firth. »Hier möchte man begraben sein«, meint McKinnon, der aber nicht den Eindruck macht, als ob er es damit eilig hätte.

In der Canisbay Church geht die Königinmutter zur Messe, wenn sie in ihrer Sommerresidenz ist, dem Castle of Mey. Ein früherer Bewohner des Schlosses, William Sinclair, brachte es 1595 zu zweifelhaftem Ruhm. Seine Eltern hatten ihn auf die Royal High School in Edinburgh geschickt. Als die Schulverwaltung beschloß, die Ferien zu verkürzen, organisierte Sinclair einen Sitzstreik unter den Schülern. Ein Beamter versuchte, die Knaben zu vertreiben, und wurde von Sinclair erschossen. Man bestrafte den Schützen dafür nur milde, später wurde er sogar Graf von Caithness.

Würde John O'Groats zehn Meilen weiter westlich liegen, räumt McKinnon ein, wäre es ein unbekanntes, verschlafenes Nest. So aber ist es Ausgangspunkt für die merkwürdigsten Rekorde. Barbara Moore war 1960 die erste, sie lief von John O'Groats nach Land's End und löste damit eine Modewelle aus. Kurz darauf marschierten siebenhundert Leute vom Nordostzipfel los, 150 von ihnen kamen zwischen 14 und 40 Tage später in Land's End an. Später waren es Rollstuhlfahrer oder Staffelläufer, eine Gruppe junger Männer schob eine Badewanne quer durch Großbritannien. Ob er mal in Land's End war? McKinnon schüttelt den Kopf. »Ich war noch nicht mal in Edinburgh«, sagt er, »aber nach Inverness bin ich mal gekommen.«

Nessie, das scheue Ungeheuer

Natürlich habe ich es gesehen. Für einen Moment ragten Kopf und Hals aus dem schwarzen Wasser des Loch Ness. Dann war es wieder verschwunden. Nessie, das Ungeheuer, ist scheu. »Na siehst du«, sagt Norrie Donald aus Dores an der Ostseite des Loch Ness. Er hatte nie Zweifel an der Existenz des Monsters.

Wir sind am Morgen in Inverness, der Hauptstadt des schottischen Hochlandes, losgefahren, müssen aber gleich eine Pause einlegen, weil die Hebebrücke über den Caledonian Canal für ein Schiff geöffnet worden ist. »Vor ein paar Jahren hat die Brücke geklemmt und ging nicht mehr nach unten«, sagt Norrie. »Dann haben sie die Autos über die zweite Hebebrücke umgeleitet, doch nachdem die das Schiff durchgelassen hatte, klemmte sie ebenfalls. Die zwei Teile von Inverness waren auf einmal voneinander getrennt, niemand kam mehr auf die andere Seite.« Seitdem dürfen die beiden Brücken nicht mehr gleichzeitig geöffnet werden.

Der Kanal verbindet Fort William mit Inverness. Er wurde 1822 eröffnet, aber das Verkehrsaufkommen war so gering, daß die Baukosten nicht wieder hereinkamen. Zur Überwindung der Höhenunterschiede gibt es auf der hundert Kilometer langen Strecke 29 Schleusen. »Der

Kanal verläuft durch eine natürliche Erdspalte«, sagt Norrie. »Früher war Schottland ein Teil Kanadas und lag dort, wo heute Australien ist. Dann bewegte sich der ganze Kontinent in einer Kurve Richtung Nordwesten und prallte mit Europa zusammen. Wir blieben an England kleben, während Kanada sich wieder losriß. Der Caledonian Canal ist die Linie, an der der Zusammenprall stattfand.« Das ist freilich Millionen von Jahren her.

Wir fahren an der Westseite des Flusses Ness entlang, rechts liegt der Besitz von Lord Burton, sagt Norrie. Er sei sehr reich, fügt er ehrfürchtig hinzu, er habe sogar einen eigenen Friedhof auf seinem Anwesen. Hinter Dochgarroch verbindet sich der Ness mit dem Caledonian Canal, geht beim Bona-Leuchtturm in den Loch Ness über und ist das einzige Gewässer, das aus dem Loch Ness hinausfließt, während rund vierzig Flüßchen hereinfließen. Und Bona ist der einzige Inlandleuchtturm Großbritanniens. »1940 kam der Bomber R-for-Robert hier runter«, sagt Norrie. »14 Mal hatte er Bomben über Deutschland abgeworfen, dann zog man ihn aus dem Verkehr und benutzte ihn als Übungsflugzeug in Lossiemouth, bis er hier abstürzte. Vor zwölf Jahren ist das Wrack geborgen worden, man kann es in einem englischen Museum in Surrey besichtigen.«

In Abriachan hält Norrie an, wir steigen aus. Er lockert seine blaue, schlecht gebundene Krawatte und schließt den Reißverschluß seines grünen Anoraks, denn es ist für die Jahreszeit recht kühl. Dann setzt er eine Schiebermütze auf, damit der Wind seine grauen, langen Haare nicht zerzaust. Norrie zeigt auf die andere Seite des Sees. »Da drüben liegt Dores«, sagt er. »Ich wohne in dem weißen Haus am Hügel, meine Frau Lily betreibt das Postamt von Dores. Es ist das kleinste Postamt der Welt, nicht größer als ein Auto. Nur etwas höher.« Als es im April 1987 eröffnet wurde, kamen Kamerateams aus der ganzen Welt. »Sogar aus Neuseeland«, sagt Norrie stolz.

Er deutet auf eine kleine, schwarze Boje vor dem gegenüberliegenden Ufer. »Dort haben meine Frau, mein Sohn und meine Schwägerin im Juli 1987 das Ungeheuer gesehen. Zwei Buckel ragten heraus, der Kopf blieb unter Wasser.« Danach ließ er seine vier Kinder nur noch unter Aufsicht in dem kleinen Holzboot auf dem See herumrudern. Heute bleibt jedoch alles ruhig, wir fahren weiter nach Südwesten. Rechts von der Straße liegt immer noch der Besitz Lord Burtons. Schließlich schimmert ein palastartiges Gebäude durch die Bäume. »Dort wohnt der Gutsverwalter«, sagt Norrie. Lord Burton muß wirklich sehr reich sein.

Nach etwa zehn Kilometern führt die Straße hinunter ins Glen Urquhart, ein Stichtal, durch das der Coiltie und der Enrick in den Loch Ness fließen. An der Mündung liegt Drumnadrochit, ein kleiner Ort, der vom Ungeheuer lebt. Er beherbergt gleich zwei »offizielle Loch Ness Monsterausstellungen« – autorisiert von Nessie? Wir sehen uns die ältere der beiden an, um für die Monsterjagd wissenschaftlich gewappnet zu sein.

Dreihunderttausend Menschen im Jahr zahlen Eintritt in das alte Gemäuer von 1882, das früher ein Hotel war. Der Besitzer, Ronnie Bremner, ist mehrfacher Millionär. Jetzt will er das Museum verkaufen – für eine Million Pfund. Die Ausstellung ist vor ein paar Jahren modernisiert worden, um mit der Konkurrenz am anderen Ende des Ortes mithalten zu können, sagt Norrie.

Es ist stockfinster. Plötzlich ertönt eine Stimme aus einem Lautsprecher und erzählt von der wundersamen Wanderung Schottlands, die – im Gepäck von Kanada – das Land über Australien und Nordamerika nach Europa führte. Das weiß ich schon von Norrie, muß es mir aber noch mal anhören, weil es im nächsten Raum mit der elektronischen Führung erst weitergeht, wenn der Erzähler gesagt hat, was er zu sagen hat. Im dritten Raum, endlich, das Ungeheuer: Zum ersten Mal ist es 565 aufgetaucht, als es einen Mönch angriff, der im See badete. Der heilige Columban, zu dessen Gefolgschaft der Mönch gehörte, bekreuzugte sich geschwind, und Nessie suchte das Weite. Jahrhundertelang ließ sich das Ungeheuer danach nicht mehr blicken.

Dann, 1933, tauchte es wieder auf – ausgerechnet vor John Mackay und seiner Frau, denen das Drumnadrochit-Hotel damals gehörte. Der *Inverness Courier*, die Lokalzeitung, berichtete ausführlich darüber, und am nächsten Tag war das Hotel voller Reporter aus London. Es dauerte aber noch ein Jahr, bis es gelang, ein Foto von Nessie zu schießen: Oberstleutnant Robert Wilson, ein Gynäkologe, machte das berühmte, unscharfe Bild vom Ungeheuer am 19. April 1934. Fast sechzig Jahre lang hielt es als Beweis für Nessies Existenz her.

Dann wurde es als Schabernack des Oberstleutnants entlarvt. Wilson hatte ein Spielzeug-U-Boot als Monster verkleidet. Die Idee stammte von Marmaduke Arundel Wetherell, einem Schauspieler und Abenteurer. Wetherells Stiefsohn Christopher gestand den Schwindel 1993, als er im Alter von neunzig Jahren auf dem Totenbett lag.

»Ein kleiner Rückschlag, gewiß«, sagt Norrie, »aber interessanter als die guten Fotos sind doch die undeutlichen, unerklärlichen Bilder, die nicht auf eine Sensation angelegt sind, sondern durch Zufall entstanden. Und dann ist da ja auch die Sache mit John Cobb.« Cobb versuchte im September 1952 mit seinem Motorboot »Crusader« auf dem Loch Ness einen neuen Geschwindigkeitsweltrekord aufzustellen. Als er über den See raste, tauchte aus heiterem Himmel eine V-förmige Welle vor ihm auf. Das Boot zerschellte, Cobb war auf der Stelle tot. Tim Dinsdale, der das Ungeheuer 1960 auf Zelluloid gebannt hatte, sah sich die Aufnahmen vom Weltrekordversuch an und kam zu dem Schluß, daß Nessie vor dem Höllenlärm des Bootes geflüchtet sei und dabei die merkwürdige Welle verursacht habe.

Es gibt über tausend Augenzeugenberichte von Menschen, denen Nessie begegnet ist. Das Ungeheuer hat viele Formen: Mal ist es seeschlangenförmig, mal drachenförmig und manchmal plesiosaurusförmig. Möglicherweise gibt es mehrere Monster im Loch Ness? Freilich sind viele Berichte von vornherein als Hirngespinste einzustufen, doch einige stammen von durchaus ernstzunehmenden Zeitgenossen, etwa vom Benediktinerpfarrer Gregory Brusey und seinem Freund Roger Pugh, die im Oktober 1971 »den Hals des Biests bis auf eine Höhe von zehn Fuß aus dem Wasser aufragen« sahen.

1940 mischte sich auch Joseph Goebbels in die Diskussion um Nessie ein. Eine Nation, so schrieb der Nazi-Propagandaminister in der *Hamburger Illustrierten,* die an solchen Quatsch glaube, sei so ungeheuerlich dumm, daß sie keinesfalls den Krieg gewinnen könne. Ein Jahr später berichtete die italienische Faschistenzeitung *Popolo d'Italia,* daß mutige italienische Kampfflieger eine Bombe über Loch Ness abgeworfen und das Ungeheuer getötet hätten.

Es gibt sogar ein offizielles Loch-Ness-Untersuchungsbüro. Einer der Gründer, Sir Peter Scott, gab dem Ungeheuer einen wissenschaftlichen Namen: Nessiteras Rhombopteryx, »das Wunder Nessie mit der diamantförmigen Flosse«. Durch einen unglücklichen Zufall ist der Name ein Anagramm für »Monster Hoax by Sir Peter S«: Monsterschwindel von Sir Peter S.

Bei der Saurierhatz hat man auch selbstgebaute Ein-Mann-U-Boote und Sonargeräte eingesetzt – Hunderte kleiner Detektoren, die aussehen wie Autoreifen mit einem Deckel. Sie orteten immerhin »große, sich bewegende Objekte«. Außerdem fand man eine arktische Fischart, die bis dahin als ausgestorben galt. Die Fische fühlen sich offenbar wohl in zweihundert Meter Tiefe, wo die Wassertemperatur bei fünf Grad liegt. Nur die obersten dreißig Meter erreichen im Sommer eine Temperatur von zwölf Grad.

Er habe noch nie im See gebadet, sagt Norrie: »Nur besonders Abgehärtete oder Verrückte springen hinein.« Wir gehen bis ans Ende der Bucht, wo sich auf einer Klippe die Überreste der Burg Urquhart erheben. »Es war früher eine der größten Befestigungsanlagen Schottlands«, sagt Norrie. Wohl schon die Pikten haben hier ein Fort errichtet, zum ersten Mal schriftlich erwähnt wurde die Burg allerdings erst im 13. Jahrhundert. Sie ist im Laufe der Zeit immer wieder angegriffen, teilweise zerstört und erneut aufgebaut worden, bis die königlichen Truppen sie 1692 schließlich in die Luft jagten, damit sie nicht den Jakobitern in die Hände fiel.

Auf dem Parkplatz neben dem Fußweg zur Burgruine steht ein Reisebus, zwei Dutzend tschechische Schulmädchen steigen aus und gehen kichernd den gewundenen Weg zur Burg hinunter. Sie sprechen über Nessie, das versteht man auch ohne Tschechischkenntnisse. »Im Sommer kannst du hier vor lauter Touristen kaum einen Fuß vor den anderen setzen«, sagt Norrie. »Ein Freund von mir steht dann täglich zehn Stunden auf dem Parkplatz und spielt Dudelsack. Er ist zwar kein begnadeter *piper*, aber er verdient damit ein Vermögen.«

Im großen Steintor, dem Eingang zu der Anlage, ist ein Verließ eingebaut – mitsamt künstlichen Spinnweben und einem bärtigen, jungen Mann mit zerrissener Kleidung. Neben dem Tor ist eine Orientierungstafel angebracht. »Sie sind hier«, steht in vier Sprachen neben dem roten Pfeil. Weiter links ist das Turmhaus, der besterhaltene Teil der Burg. Jemand hat mit einem Filzschreiber das Ungeheuer auf der Tafel eingezeichnet.

Eine schmale Wendeltreppe führt auf den Turm hinauf, in die Wand sind Haken mit einem dicken Seil eingelassen, damit man sich festhalten kann. Im Sommer regelt vermutlich jemand den Verkehr, denn zwei Personen kommen auf der engen Treppe nicht aneinander vorbei. Von oben kann man einen Großteil des 36 Kilometer langen und zweieinhalb Kilometer breiten Sees überblicken, doch Norrie schlägt vor, in den Keller zu gehen. Von dem Gewölbe, in dem ein paar Schilder mit Informationen über die *clan chiefs* der Gegend hängen, führt ein niedriger Gang nach draußen auf eine Art Terrasse.

Wir sind jetzt ganz dicht am Wasser. Die Oberfläche des Sees ist spiegelglatt. »Das ist gut so«, sagt Norrie, »Nessie taucht nur bei schönem Wetter auf, denn wenn es warm ist, kommen auch die Fische, Nessies Nahrung, dichter an die Wasseroberfläche.« Es gibt eben für alles eine wissenschaftliche Erklärung.

Der See ist tiefschwarz und scheint undurchdringlich. »Verstehst du jetzt«, fragt Norrie, »warum man dem See auch mit modernster Technologie nicht zu Leibe rücken kann? Auch mit den stärksten Lampen kann man wegen der Torfpartikel unter Wasser nicht weiter als drei, vier Meter sehen.« Loch Ness ist stellenweise bis zu dreihundert Meter tief, er enthält mehr Wasser als alle anderen britischen Seen zusammen. Norrie spricht geheimnisvoll: »Es gibt da unten viele Höhlen und Ausbuchtungen, wer weiß, was da alles herumschwimmt.«

Plötzlich kommt Bewegung in die Wasseroberfläche. Etwa hundert Meter vor uns beginnt sich das Wasser in einer Art Strudel zu drehen, erst langsam, dann immer schneller, und schließlich kommt etwas Braunes, Glänzendes zum Vorschein. Es hebt sich immer weiter in die Luft, dreht sich langsam zu uns herüber und verharrt einen Moment lang regungslos. Dann sinkt es wieder hinab, und als es im See verschwindet, wird es vom Wasser mit einem gurgelnden Geräusch bedeckt. Kaum eine Minute später ist der See wieder spiegelglatt.

James Bond im Schottenrock

»Auld Reekie« – altes, rußiges Edinburgh: Die schottische Hauptstadt verdankt ihren Namen auch dem Arbeiterviertel Fountainbridge südwestlich der Altstadt. Doch viele der Schornsteine rauchen heute nicht mehr. Die »St. Cuthbert's Cooperative«, die sich einst über vier Häuserblocks am Ostende Fountainbridges erstreckte, ist längst geschlossen, die Gebäude sind verfallen. In einer Seitenstraße liegt das moderne »Job Centre«. Arbeitsplätze sind jedoch Mangelware. Vor den Fenstern der benachbarten Firma Goldberg hängt ein Transparent über drei Stockwerke: »Geschlossen«. Auch die Gummifabrik am anderen Ende des Viertels, in der früher Hunderte von Menschen arbeiteten, ist verschwunden. Lediglich die Fountain-Brauerei, in der das McEwans-Bier gebraut wird, ist noch in Betrieb.

Im Schatten der weit ausladenden Brauerei liegt eine trostlose Siedlung kleiner Sozialbauhäuser. In einem davon wohnt Elizabeth Hamilton mit ihren beiden Söhnen im Alter von 7 und 17 Jahren. Die hölzernen Fensterrahmen sind verfault, der Wind pfeift durch das Wohnzimmer. Die einzige Heizung im Haus besteht aus einem Elektrogerät mit zwei Heizstäben, von denen jedoch nur einer eingeschaltet ist. »Ich kann sonst die Stromrechnung nicht bezahlen«, sagt die 41jährige. Sie ist keine Ausnahme: Die Organisation »Energy Action Scotland« hat eine Untersuchung veröffentlicht, wonach 750.000 Haushalte mit niedrigem Einkommen – das sind über zwei Millionen Menschen, zwei Fünftel der Bevölkerung – in feuchten, kalten Wohnungen und Häusern leben müssen.

Elizabeth Hamilton zieht ihr Sozialhilfebuch aus der Handtasche: Sie bekommt 41,53 Pfund pro Woche. Bis vor kurzem konnte sie sich mit Aushilfsjobs dreißig Pfund dazuverdienen. Dann wurde sie anonym angezeigt. »Du darfst nur 15 Pfund verdienen, wenn du Sozialhilfe beziehst«, sagt sie. Wie sie die zu erwartende Strafe zahlen soll, weiß sie nicht. »Wenn ich jemals zu Geld komme, ziehe ich irgendwo aufs Land. Vielleicht sogar ins Ausland, nach Spanien – wie Sean Connery. Kann man es ihm verübeln, daß er aus Fountainbridge abgehauen ist?«

Connery wurde 1930 gegenüber der Brauerei im Haus Fountainbridge Nr. 176 geboren. Der Schauspieler, der durch seine Rolle als James Bond nicht nur berühmt, sondern auch zum Multimillionär geworden ist, lebt aus Steuergründen in Marbella. Doch inzwischen ist er der Scottish National Party (SNP) beigetreten und setzt sich für die Unabhängigkeit seines Heimatlandes ein. Connery sagt, daß das schottische Nordseeöl zwei Milliarden Pfund pro Jahr abwerfe, Schottland davon jedoch kaum profitiere. Statt dessen fließe das Geld in den Südosten

Englands, wo es zur Subventionierung des öffentlichen Transportsystems und für Hypothekenzinsermäßigungen verwendet werde. »Es ist Zeit für grundlegende Veränderungen in Schottland«, sagt Connery seinen Landsleuten. »Schottland muß unabhängig werden.«

Der frühere Toryminister für Schottland, Ian Lang, bestreitet, daß Connerys Rechnung aufgeht. Er behauptet, die Schotten holten wesentlich mehr Geld aus dem Topf des Vereinigten Königreichs, als sie hineinstecken. So stelle Schottland zwar 8,9 Prozent der britischen Bevölkerung und erhalte zehn Prozent des Budgets, trage aber nur 7,6 Prozent dazu bei. Selbst wenn man die Öleinnahmen miteinbeziehe, bleibe noch immer ein Haushaltsminus von knapp drei Milliarden Pfund, sagt Lang.

Auch Labour warnt davor, die Subventionen und die englischen Märkte aufs Spiel zu setzen – und das aus gutem Grund: Im Fall der Unabhängigkeit für Schottland würde die Labour Party ihre 48 schottischen Westminsterabgeordneten verlieren. Der Streit um die Statistiken ist längst zur Glaubensfrage geworden. Der SNP-Politiker Jim Sillars sagt: »Wenn Schottland wirklich so stark subventioniert wäre, wie Lang behauptet, würden die Torys nicht so verzweifelt an uns und unserem Öleinkommen festhalten.«

Fat Sam's Pizza Pie Factory im Zentrum von Fountainbridge ist zur Mittagszeit fast leer. Das Restaurant hat Ähnlichkeit mit einer Fabrikhalle, es bietet Platz für über zweihundert Gäste. Bizarre Stoffpuppen werden durch Blinklichter erleuchtet, in einem Aquarium schwimmt ein Fisch, an den Wänden hängen Fotos von US-amerikanischen Gangsterbossen. In der Ecke unter der Galerie sitzt eine junge Inderin. Sie ist bereits vor acht Jahren mit ihren Eltern nach Edinburgh gezogen, ihr Vater arbeitet in der Brauerei. »Mir ist unwohl bei dem Gedanken an schottischen Nationalismus«, sagt sie. »Dabei besteht immer die Gefahr, daß ethnische Minderheiten ausgegrenzt werden.« Bisher sei davon allerdings nichts zu spüren. »Die Schotten sind ein sehr gastfreundliches Volk. Vermutlich haben sie genug mit ihrem Haß auf die Engländer zu tun, so daß sich Rassismus gegen Minderheiten bisher nicht entwickelt hat.« Die SNP sieht sich jedoch als Partei »links von der Mitte« und will vor allem das Gesundheitswesens verbessern und die Arbeitslosigkeit bekämpfen. Ihr Wirtschaftsplan malt ein rosiges Bild. »Wir sind eines der reichsten Länder Europas«, sagt SNP-Sprecher Kevin Pringle. »London kassiert jedes Jahr 1,1 Milliarden Pfund Steuern für schottischen Whisky. Wir haben Reserven von zwölf Milliarden Tonnen umweltfreundlicher Kohle, doch die Tories haben die schottische Kohleindustrie ebenso wie die Stahlindustrie mutwillig zerstört.«

Innerhalb von 25 Jahren ist die Zahl der schottischen Kohlebergwerke von 71 auf ein einziges geschrumpft, und mit der Hütte Ravenscraig ist 1992 auch das letzte Stahlwerk verschwunden. Arbeitsplätze in der Industrie sind in den achtziger Jahren fast auf die Hälfte zurückgegangen, gab die *Cambridge Economic Review* bekannt. Siebzig Prozent der Unternehmen in Schottland werden von England aus kontrolliert. Die SNP hofft auf die Europäische Union. »Die Struktur der EU bevorteilt kleine Länder«, behauptet Pringle. »Sie sind im Europäischen Parlament im Verhältnis zu ihrer Größe überrepräsentiert.« Umgekehrt brauche Europa aber auch Schottland: »Wir besitzen achtzig Prozent der EU-Ölreserven und ein Drittel der Fischfanggründe.«

Für die SNP hängt viel von den knapp achthunderttausend Katholiken ab – immerhin ein Sechstel der Bevölkerung, hauptsächlich Nachfahren irischer Auswanderer. Traditionell hängen sie der Labour Party an, weil sie lange Zeit die einzige Partei war, die irische Emigranten zur Teilnahme am politischen Geschehen ermutigte. »Sie war immer eine Partei, mit der sich Katholiken identifizieren und der sie vertrauen konnten«, sagt John Maclean, der Herausgeber des *Scottish Catholic Observer*. Während in anderen Ländern Europas die Hierarchie konservativ ist, steht die schottische katholische Kirche – außer bei Fragen der Moral – eher links. Bischöfe äußern sich oft zu wirtschaftlichen und sozialen Fragen, verurteilen Armut und Arbeitslosigkeit und sprachen sich im Gegensatz zu ihren englischen Glaubensbrüdern deutlich gegen den Golfkrieg aus. Katholische Pfarrer riefen in der Vergangenheit von der Kanzel dazu auf, die Labour Party zu wählen.

Die Kirche lehnte bisher jede Form schottischer Unabhängigkeit strikt ab – vor allem aus Angst um ihre 437 katholischen Schulen. Sie befürchtet, daß religiöse Intoleranz und Diskriminierung Eingang in die Verfassung eines unabhängigen Schottland finden könnten. Noch bis in die fünfziger Jahre wurden Katholiken in Schottland diskriminiert, Stellenangebote enthielten meist den Zusatz: »Nur für Protestanten.« Noch 1936 war »Protestant Action«, eine zutiefst antikatholische Organisation, zweitstärkste Partei in Edinburgh. Doch die Zeiten haben sich geändert, die protestantischen Arbeiter richten sich bei Wahlen nicht mehr nach den alten religiösen Trennungslinien. Und die SNP versucht, den Katholiken das Mißtrauen zu nehmen, indem sie der Kirche das Grundrecht auf katholische Schulen in einem unabhängigen Schottland zusichert. Im Gegenzug gibt die Kirche heute keine Wahlempfehlung mehr und hält sich aus der Unabhängigkeitsdebatte heraus, doch die Angst ist tief verwurzelt.

Auch scheinbare Nebensächlichkeiten können das Wahlverhalten beeinflussen: »Für uns Schotten ist der Fußball deshalb so wichtig, weil das einer der wenigen Bereiche ist, in dem wir eine internationale Rolle spielen«, sagt der Sportjournalist Roddy Forsyth. »Wären wir unabhängig, wäre Fußball nur irgendeine Sportart, doch so trägt er die Bürde der schottischen Identität.« Als sich die Fußballnationalmannschaft 1978 bei den Weltmeisterschaften in Argentinien blamierte, ging die Unterstützung der schottischen Unabhängigkeitsidee schlagartig zurück.

Zulauf erhält die SNP heute vor allem von jungen Leuten. Dazu tragen nicht zuletzt schottische Bands wie Runrig bei, deren Konzerte meist ausverkauft sind. Die Gruppe singt über vergangene Schlachten, englische Unterdrückung und schottische Kultur, ihr Sänger Donny Munro hat die Band mittlerweile verlassen und betätigt sich als Labourpolitiker auf der Insel Skye. Ein Teil des Runrig-Repertoires besteht aus gälischen Liedern – eine Sprache, die nur noch von siebzigtausend Schotten gesprochen wird. »Wenn man als Nation keine politische Ausdrucksmöglichkeit hat«, sagt Pat Kane, Sänger der Gruppe Hue and Cry, »dann ist Kultur politisch.« Dick Gaughan, der im Edinburgher Hafenviertel aufgewachsen ist und mit knarrender Stimme Folksongs und politische Lieder vorträgt, meint: »Es liegt an uns zu entscheiden, welche Art von Schottland wir wollen. Die Union mit England hat sich nie zum Vorteil Schottlands ausgewirkt.«

Ein Schritt in Richtung Unabhängigkeit

Für Norman Will ist die Sache klar: »In zehn Jahren ist Schottland vollkommen unabhängig«, sagt er. »Wenn die Menschen erst mal auf den Geschmack gekommen sind, werden sie sich mit einem Parlament, dessen Macht eingeschränkt ist, nicht mehr zufriedengeben. Das Referendum ist ein Schritt in die richtige Richtung, aber eben nur ein Schritt.«

Will, Ende Dreißig, ist hektisch. Er ist der Geschäftsführer der Schottischen Nationalen Partei (SNP) in den Highlands, in dem winzigen Büro im obersten Stock des Highland Rail House gleich neben dem Bahnhof von Inverness herrscht rege Betriebsamkeit. Parteimitglieder schlagen die »Yes-Yes«-Plakate in Plastikfolie ein, damit sie nicht naß werden, andere packen die druckfrischen Flugblätter aus.

Die Schotten sollen für ein eigenes Parlament stimmen, das zudem das Recht auf Variierung der Einkommensteuer um drei Prozent haben soll. Außen- und Verteidigungspolitik, das Währungssystem und die Sozialgesetze bleiben Sache Londons. Premierminister Tony Blair hat versprochen, daß die Steuern für mindestens fünf Jahre nicht verändert werden. Dennoch fürchten drei von vier Unternehmern, so hat eine Umfrage ergeben, daß die Steuerhoheit, auch wenn sie beschränkt ist, zu Einbußen bei der Konkurrenzfähigkeit und zur Abwanderung von hochqualifizierten Arbeitskräften führen wird.

Will hält das Gegenteil für wahrscheinlich. »Schottlands Wirtschaft wird eine führende Rolle in Europa spielen«, sagt er. »Jetzt versickern die EU-Gelder in irgendwelchen unrentablen Projekten. Wenn die Schotten selbst über den Topf entscheiden, kann das Geld viel besser eingesetzt werden.« Im Norden Englands sei man deshalb beunruhigt, weil die Leute eine Abwanderung internationaler Firmen nach Schottland erwarteten, sagt Will.

Das Argument der Labour Party, daß ein schottisches Parlament die Union mit England stärken würde, hält er für töricht. »Unsere Zukunft liegt in Europa«, sagt er. »Die Schotten waren schon immer viel EU-freundlicher als die Engländer.« Norman MacAskill von der Labour Party, die nur hundert Meter von der SNP im Queensgate Business Centre von Inverness residiert, hält das Referendum ebenfalls für einen Schritt – jedoch nicht in Richtung Zersplitterung des Vereinigten Königreiches, sondern in Richtung Dezentralisierung. »Die Waliser stimmen bald über eine Versammlung für Wales ab«, sagt er, »und demnächst steht auch die Stärkung der Bezirksverwaltungen in England an. In London wird in Zukunft ein direkt gewählter Oberbürgermeister das Sagen haben.«

Labour, SNP und die Liberalen Demokraten

haben für die Dauer der Wahlkampagne eine Koalition gebildet. Die Organisation »Scotland Forward in the Highlands« besteht aus Mitgliedern aller drei Parteien, aber auch aus Parteilosen. Ihr Omnibus, der »Yes Yes Express«, ist in der High Street von Inverness geparkt, ein Dudelsackspieler im traditionellen Highlandkostüm spielt »Flower of Scotland«, die inoffizielle Nationalhymne. Drei Frauen und zwei Männer verteilen Flugblätter. Einer davon, der Labourmann Hugh Linley, ein junger Mann mit langen, dunklen Haaren und einem weißen »Yes-Yes«-T-Shirt, glaubt an ein großes Ja für das schottische Parlament. »Drei zu eins, mindestens«, sagt er. »Darauf deuten alle Umfragen hin. Bei der Frage zur Steuerhoheit wären wir mit einem kleinen Ja zufrieden. Es wäre das erste Mal, daß wir unsere Unabhängigkeit friedlich durchsetzen. Wenn wir es gewaltsam versucht haben, sind wir am Ende meist untergegangen, zuletzt bei Culloden.«

Die Schotten hängen, genauso wie die Engländer, an ihren Schlachtfeldern, sie haben sie zu Nationaldenkmälern erklärt. Das Drumossie-Moor bei Culloden, wo am 16. April 1746 die letzte Schlacht auf britischem Boden ausgetragen wurde, liegt fünf Kilometer vor Inverness. Culloden ist ein dunkles Kapitel in der schottischen Geschichte, noch heute wird der Name nur mit gedämpfter Stimme ausgesprochen.

Auf dem ehemaligen Schlachtfeld sind die Positionen der beiden Heere – des Heeres von

Charles Edward Stuart und desjenigen seines englischen Widersachers William Cumberland – durch Schilder markiert. Für Bonnie Prince Charlie, wie der Stuart-Thronprätendent liebevoll genannt wird, ging alles schief: Er selbst stand zu weit hinten und hatte keinen Überblick, und als er, viel zu spät, den Angriffsbefehl gab, wurde der Bote, der ihn den Soldaten überbringen sollte, unterwegs von einer Kanonenkugel getroffen. Viele Soldaten schliefen noch, erschöpft von einem Nachtmarsch, und wachten erst auf, als ihnen die Kehle durchgeschnitten wurde.

Die Highlands erholten sich von Culloden nicht mehr, das Clansystem wurde zerschlagen, Schottenrock und Dudelsack verboten. »Es waren die Lowlander, die Leute aus dem Tiefland, die uns verraten haben«, sagt Angus, der die Touristen über das Schlachtfeld führt. »1707 haben sie sich kaufen lassen und für die Auflösung unseres Parlaments gestimmt, und in Culloden kämpften eine ganze Reihe von ihnen auf Cumberlands Seite. Und wenn wir nun ein eigenes Parlament bekommen, wird es wieder von den Tiefländern beherrscht. Wozu soll ich also wählen?«

Auf Leute wie Angus setzt Rosemary Tough – »Es wird Tuch ausgesprochen«, betont sie, »nicht Taff!« Sie ist die Sekretärin der Hochlandsektion der schottischen Tories. Das Parteibüro, ein kahler Raum mit zwei Stühlen, einem Telefon und einem Fotokopierer, liegt hinter der blauen Seitentür eines Möbelgeschäfts hoch über der Innenstadt. »Die Highlander mißtrauen dem Zentralgürtel um Glasgow und Edinburgh«, meint die grauhaarige, resolute Sechzigjährige. »Die Unterstützung der Unabhängigkeitsbestrebungen war im Hochland immer geringer als anderswo. Was sollen wir auch mit einem Parlament? Das stiftet doch nur Verwirrung. Dann hast du Abgeordnete für Europa, für Westminster und für Edinburgh, dazu die Bezirksräte. An wen wendet man sich dann?« Darüber hinaus hält sie es für unfair, daß die englischen Abgeordneten in Schottland nichts mehr zu sagen hätten, während die schottischen Westminsterabgeordneten, die es ja trotz eines schottischen Parlaments weiterhin geben würde, über englische Angelegenheiten mitentscheiden dürften.

»Dann ist der Spieß endlich mal umgedreht«, freut sich Norman Will von der SNP. »Aber mal im Ernst: Schottische Westminsterabgeordnete haben wirklich Besseres zu tun, als zum Beispiel über das englische Gesundheitssystem zu debattieren, da haben sie sich bisher ja auch rausgehalten. Wir wollen gar keine Abgeordneten in Westminster haben – sollen sie uns doch in die Unabhängigkeit entlassen, dann ist die Frage gelöst.« Ein schottisches Parlament böte auch den Tories eine Chance, findet er: »Da ein Teil der Abgeordneten nach dem Verhältniswahlrecht gewählt werden soll, haben sie erstmals wieder Aussichten auf das eine oder andere Mandat. Die Quittung für ihre Schottlandpolitik haben sie bei den Wahlen im Mai 1997 bekommen.« Seitdem haben die Tories keinen einzigen Abgeordneten nördlich der Grenze mehr, während der Amtszeit Margaret Thatchers ist die Wut der Schotten auf die Tories immer größer geworden.

Deshalb rauft sich das versprengte Häufchen der schottischen Konservativen insgeheim auch die Haare über die Einmischung der Baronin. Thatcher warnte die Schotten davor, durch ihre Zustimmung beim Referendum »einen grollenden englischen Nationalismus zum Leben« zu erwecken. »Die schottischen Wähler können ihrem Land keinen besseren Dienst erweisen, als mit Nein zu stimmen«, sagte sie.

Im Büro der SNP herrscht unverhohlene Freude über Thatchers Intervention. »Sie ist hier oben selbst bei den Tories äußerst unbeliebt«, sagt Norman Will. »Falls es noch irgendwelche Zweifel an dem Ausgang des Referendums gab, dann ist Thatcher der Garant für ein doppeltes Ja.«

Nachbemerkung:
74 Prozent der Wähler stimmten bei dem Referendum für das Regionalparlament, immerhin noch 63 Prozent wollen diesem Parlament das Recht zugestehen, die Einkommensteuer um drei Prozent zu variieren. Die Wahlbeteiligung,

die der proparlamentarischen Koalition aus SNP, Labour und den Liberalen Demokraten bis zuletzt Sorgen gemacht hatte, lag bei sechzig Prozent. Im Frühjahr 1999 wählten die Schotten erstmals seit fast dreihundert Jahren ihre Abgeordneten, rund zwei Fünftel der 129 Parlamentarier wurden durch proportionale Repräsentation ermittelt. Am 30. Juni 1999 nahmen sie ihre Arbeit im Edinburgher Parlament auf.

Es gibt keine jungen Männer mehr auf Iona

»Es war ein furchtbarer Verlust«, sagt Francis und schüttelt bedächtig den Kopf. »Ob sich die Insel jemals davon erholen wird, weiß ich nicht. Es gibt keine jungen Männer mehr auf Iona.« Es war an einem Wochenende, als Ally Dougall, David Kirkpatrick, Logie McFadyen, Robert Hay und Gordon Grant hinüber nach Mull ruderten, denn auf Iona ist nichts los, die schottische Hebrideninsel hat nicht mal ein Wirtshaus. Auch auf Mull, der Insel, die zwischen Iona und dem Festland liegt, ist das Freizeitangebot nicht überwältigend, aber an jenem Wochenende gab es einen *ceilidh,* eine Tanzveranstaltung mit traditioneller schottischer Musik.

Francis ist Mitte Sechzig, früher hat er in London beim Rundfunk gearbeitet, und als er pensioniert wurde, zog er nach Iona. »Sie sind oft nach Mull gerudert«, sagt er, »und die Leute haben sich jedesmal Sorgen gemacht, denn die Strömung zwischen den Inseln ist tückisch, das Wetter schlägt schnell um.« Eine Riesenwelle spülte die fünf Männer über Bord, vier ertranken. Gordon Grant, 33, konnte sich als einziger retten. Er war der älteste der fünf, die anderen waren alle unter 25 und unverheiratet.

Die Kraft des Meeres spürt man schon bei der zehnminütigen Überfahrt von Fionnphort auf

Mull nach Port Rònain, dem Hafen von Baile Mòr, der »großen Stadt«, die in Wirklichkeit nur ein kleines Fischerdorf ist. Doch mit zwanzig Häusern ist es die größte Ansiedlung, die anderen fünfzig Häuser sind auf der Insel verstreut. Iona ist keine 14 Quadratkilometer groß, das Auto kann man nicht mit hinübernehmen. 1773 ließ sich der Dichter Samuel Johnson in Port Rònain an Land tragen, weil er keine nassen Füße bekommen wollte. Johnson und sein Begleiter James Boswell, der ebenfalls ein Buch über die Reise geschrieben hat, übernachteten in einer Scheune. Johnson schrieb damals: »Wir betraten nun jene berühmte Insel, die einst die Leuchte Kaledoniens war, aus der wilde Stämme und herumziehende Barbaren die Früchte des Wissens und die Segnungen der Religion schöpften. Der Mensch ist wenig zu beneiden, dessen Patriotismus auf der Ebene Marathons nicht stärker oder dessen Frömmigkeit zwischen den Ruinen Ionas nicht wärmer würde.«

Schon bevor St. Columban im Jahr 563 auf Iona landete und ein Kloster gründete, war die Insel ein religiöser Ort, an dem sich Druiden, die die Sonne anbeteten, niedergelassen hatten. Columban stammte aus einer königlichen Familie in der irischen Grafschaft Donegal. Bis zu seinem vierzigsten Lebensjahr hatte er zahlreiche Kirchen und Klöster auf der Grünen Insel gegründet, doch dann wurde er in eine Auseinandersetzung mit einem anderen *clan* verwickelt.

Columban sicherte sich die Unterstützung seiner mächtigen Familie und siegte in der Schlacht, in der dreitausend seiner Feinde ums Leben kamen. Die Kirchenoberen machten Columban für das unnötige Gemetzel verantwortlich und schickten ihn hinaus in die Welt, auf daß er genauso viele Seelen für die Kirche gewinne, wie in der Schlacht verlorengegangen waren. Im Frühsommer 563 segelte er mit zwölf Anhängern nach Iona. Ob die Insel damals bewohnt war, weiß man nicht. Jedenfalls errichteten die 13 Männer ihre Gebäude nördlich der heutigen Abtei, darunter auch Columbans Mönchszelle. Wegen dieser Zelle wird Iona auch Icolmkille genannt: die Insel der Zelle Columbans.

Fest steht, daß die Mönche auf Iona im Laufe der Jahrhunderte immer wieder von den Wikingern überfallen wurden. Als die Nordmänner im Jahr 806 am Strand der Märtyrerbucht, wie sie seitdem heißt, 68 Mönche töteten, mußten die Überlebenden nach Irland in die Abtei von Kells fliehen, wo sie die berühmte illuminierte Evangelienhandschrift, das heute im Trinity College Dublin ausgestellte »Book of Kells«, fertigstellten.

Die toten Mönche wurden von der Märtyrerbucht auf der *Sràid nam Marbh,* der »Straße der Toten«, zum Friedhof Reilig Odhráin getragen. Er liegt direkt neben der mächtigen Benediktinerabtei, die von 1902 bis 1965 wiederaufgebaut wurde und heute wohl so aussieht, wie sie zum Ende des 15. Jahrhunderts ausgesehen hat. Bis ins zwanzigste Jahrhundert wurde der Brauch gepflegt, bei Totenfeiern von der Märtyrerbucht über die Straße der Toten zum *Reilig Odhráin* zu gehen.

Wer war dieser Oran, nach dem der Friedhof benannt ist? Der Legende nach gehörte er zu den zwölf Anhängern Columbans, die gemeinsam mit ihm von Irland herübergekommen waren. Auf Iona schlug Oran vor, ein Opfer zu bringen und sich lebendig begraben zu lassen. Columban fand Gefallen an der Idee, doch als man Oran nach drei Tagen wieder ausgrub, war er noch am Leben und erzählte vom Jenseits. Columban war ob dieses Sakrilegs so entsetzt, daß er den armen Mönch gleich wieder verbuddeln ließ. Die St. Oran's Chapel auf dem Friedhof ist das älteste intakte kirchliche Gebäude auf Iona, die Kapelle stammt aus dem späten zwölften Jahrhundert. Vermutlich sind hier John und Donald McDonald begraben, der erste und der zweite Lord der Inseln.

Insgesamt sollen 48 schottische, vier irische und acht norwegische Herrscher auf dem Friedhof ruhen, aber genau weiß das niemand. 1057 ist Macbeth hier beerdigt worden, neben seinem Opfer Duncan. Bei Shakespeare heißt es, Duncans Leichnam sei »fort gen Westen nach Icolmkille, dem Beinhaus seiner Ahnen«. Die Steine der vermeintlichen Könige und Hochadligen hat man inzwischen in der Oran-Kapelle, in der Abteikirche und im Abteimuseum untergebracht, um sie vor Umweltschäden zu schützen. Die älteste entzifferbare Inschrift auf dem Friedhof gehört zum Grab von »John MacKay, Bewohner von Icolmkille«. Er und seine Frau wurden 1730 geboren.

An der östlichen Friedhofsmauer steht ein Obelisk, der zwischen den keltischen Kreuzen etwas fremd wirkt. Wenige Stunden vor dem Jahreswechsel 1865 sei ein dreimastiger Schoner, der mit Baumwolle und Korn aus Amerika unterwegs nach Liverpool war, vom Sturm erfaßt worden und auf einen Felsen aufgelaufen, erzählt Francis. Nur vierhundert Meter vom Strand der *Camus Cùl an t-Saimh*, der »Bucht am Ende des Ozeans«, ging die Guy Mannering unter, 15 Matrosen starben. 19 konnten jedoch gerettet werden, darunter Kapitän Brown, weil die Einheimischen eine Kette gebildet und sich weit in die Bucht hinausgewagt hatten. »Als der US-amerikanische Konsul Bret Harte siebzehn Jahre später diese Geschichte hörte«, sagt Francis, »besuchte er die Gräber auf dem Reilig Odhráin und ließ den Obelisken als Denkmal errichten.«

Auch John Smith ist hier begraben, der britische Labour-Führer, der 1994 an einem Herzschlag starb. Seine Tochter Catherine ist mit Gordon Grant verlobt, dem einzigen Überlebenden des Bootsunglücks. Seine Freunde liegen an der Ostmauer in einem Dreieck, um das der Friedhof vor ein paar Jahren erweitert wurde.

»Es leben nur noch gut hundert Menschen auf Iona«, sagt Francis. »In den vergangenen sieben Jahren hat die Bevölkerung um vierzig Prozent abgenommen. Vor 150 Jahren waren es noch mehr als fünfhundert Einwohner auf Iona.« Lediglich vier Kinder besuchen die kleine Grundschule, zum Ende des Schuljahres wechseln alle auf die höhere Schule in Oban auf dem Festland. Dann wird die Grundschule auf Iona wohl schließen müssen, denn es gibt nur ein einziges Baby auf der Insel. »Es wäre sehr schade«, sagt Evelyn McPhail vom Bezirksrat, »denn die Schule ist ein wichtiger Teil der Gemeinde.«

Fast wäre Iona 1979 an reiche US-Amerikaner verkauft worden. Der Herzog von Argyll, dem die Insel damals gehörte, benötigte Geld und setzte ein Verkaufsinserat in die *New York Times*. In ganz Schottland machte sich Entsetzen breit, doch die Spenden, zu denen der National Trust, eine Treuhandgesellschaft, aufgerufen hatte, reichten bei weitem nicht zum Kauf Ionas. Da stiftete Hugh Fraser, der damalige Besitzer des berühmten Londoner Kaufhauses Harrods, anderthalb Millionen Pfund, Iona blieb schottisch.

Zwei Fünftel der Einwohner sind über sechzig. Nun geben die Insulaner Anzeigen in der *Oban Times* auf: »Haus auf Iona nur an Familie mit kleinen Kindern zu vermieten.« Doch es ist nicht einfach, Leute dazu zu bringen, sich auf Iona niederzulassen. »Es gibt keine Arbeit«, sagt Francis, »im Sommer bringt der Tourismus etwas Geld. Viele vermieten ihre Häuser in der Zeit, wir haben jeden Sommer rund zweihunderttausend Besucher.« Da auch die Fischerei und die Landwirtschaft immer weniger einbringen, sind die meisten auf Sozialhilfe angewiesen. Die Arbeitslosigkeit liegt weit über dem Landesdurchschnitt, Zuwanderern kann man nicht viel bieten. So sind die Zukunftsaussichten langfristig schlecht. Die Einwohner hatten große Hoffnungen auf die vier jungen Männer gesetzt. »Vielleicht wären sie auf der Insel geblieben und hätten Familien gegründet«, meint Francis. »Für ein Touristenreservat ist Iona zu schade.«

Wem gehört Schottland?

Wer möchte schon in Knoydart wohnen? Die Halbinsel im Nordwesten Schottlands gegenüber der Insel Skye ist nur zu Fuß über die dreißig Kilometer lange Bergkette zu erreichen, die Straße bricht hinter Kinloch Hourn ab. Im Schnee ist der Weg über die Berge unpassierbar. Das Postschiff, das von Mallaig aus dreimal die Woche in Inverie auf Knoydart anlegt, verkehrt bei diesen Wetterverhältnissen noch unregelmäßiger. Die Überfahrt über Loch Nevis dauert eine Stunde. Die meisten der fünfzig Bewohner von Knoydart stehen an der Pier, als das Schiff im Hauptort Inverie anlegt. Sie bilden eine Kette, um Lebensmittel und Getränke zu entladen.

Das Land, auf dem sie leben, gehört einem Unternehmen mit drei Direktoren: Einer sitzt in einem Frankfurter Gefängnis, gegen den anderen hat das Betrugsdezernat ein Verfahren eingeleitet. Nur Stephen Hinchcliffe, der früher Direktor des Fußballclubs Sheffield United war, hat sich einmal auf dem 130 Quadratkilometer großen Land sehen lassen. Er sei der neue *laird*, der Landbesitzer, so stellte er sich den Bewohnern vor. Doch wegen finanzieller Unregelmäßigkeiten darf er sieben Jahre lang keine Firma leiten, Knoydart steht unter Konkursverwaltung. Über Generationen gehörte die Halbinsel dem *clan* MacDonald, dessen Mitglieder in die ganze Welt ausgewandert sind und es oft zu etwas gebracht haben, und sei es zu einem Fleischbrötchenimperium. 1984 verkaufte ein Nachfahre, Nigel Chamberlain MacDonald, das Land an einen Geschäftsmann aus dem südenglischen Surrey, der Knoydart in den folgenden Jahren stückchenweise an einen Reg Brealey verkaufte. Der wollte auf der Halbinsel ein Heim für straffällig gewordene Jugendliche bauen, doch seine Firma geriet in finanzielle Schwierigkeiten. Das bißchen Infrastruktur auf Knoydart, darunter der Generator für die Stromversorgung, verfiel zusehends.

Die Knoydart-Stiftung, eine lokale Initiative, machte ein Angebot über achthunderttausend Pfund für Knoydart, doch Brealey überschrieb seine Firma auf Hinchcliffe an seine Geschäftspartner. An der Vernachlässigung Knoydarts hat sich nichts geändert. Neunhunderttausend Pfund benötigen die Einwohner, um die Halbinsel dem Konkursverwalter abzukaufen. Der Theaterdirektor Sir Cameron Mackintosh, der sein Geld mit Musicals im Londoner Westend gemacht hatte, wollte Knoydart kaufen und an die Bewohner für wenig Geld verpachten. Mackintosh ist in der Gegend aufgewachsen, ihm gehört die benachbarte Halbinsel. Doch die Einwohner lehnten sein Angebot ab. »Auch wenn er ein besserer *laird* wäre als seine Vorgänger«, sagt Roger Trussell von der Knoydart-Stiftung, »hätte uns das Land immer noch nicht gehört.« Trussell, ein kleiner, schlanker Mann mit Schirmmütze und Gummistiefeln, war früher Kapitän eines Atom-U-Boots. Er sitzt am Kamin des Old Forge, der entlegensten Kneipe auf dem britischen Festland, und trocknet seine Jacke, denn draußen fegt der Regen schon seit Tagen über die Halbinsel. Trussell kam nach Knoydart, weil er der konsumorientierten Welt entfliehen wollte. Die Leute, die auf der Halbinsel leben, sind alle zugewandert, aufgrund der unsicheren Besitzverhältnisse ist die Fluktuation hoch. So unterschiedlich die Bewohner auch sind, sie bilden eine enge Gemeinschaft, denn die meisten Alltagsprobleme lassen sich nur durch Zusammenarbeit lösen. »Deshalb wollen wir das Land kaufen«, sagt Trussell. »Denn wenn einem *laird* dein Gesicht nicht paßt, kann er dich hinauswerfen, und du hast keine Chance, dich dagegen zu wehren.« Ein *laird* hat weitreichende Rechte. Ihm gehört ja nicht nur das Land, sondern auch alles, was darauf steht und wächst. Er kann selbst kleinste Bauprojekte verhindern oder gegen die Zahlung einer Gebühr genehmigen, er kassiert Feudalabgaben, er kann die Menschen vertreiben, wann immer es ihm genehm ist.

Und in der schottischen Geschichte war es den Landbesitzern oft genehm. Nachdem die letzte Rebellion der *highland clans* gegen die englische Krone in der Schlacht bei Culloden 1746 fehlgeschlagen war, mußten die *clan chiefs* ihre Armeen auflösen. Doch wohin mit den Leuten? Zunächst wurden sie mit der Produktion von *kelp* beschäftigt, einem braunen Seegras, dessen Asche zur Herstellung von Schießpulver benötigt wurde. Doch nach dem Ende der Napoleonischen Kriege 1815 war *kelp* nicht mehr gefragt. Viele *clan chiefs* und Landadlige, die sich an das komfortable Leben am Hofe in Edinburgh oder London gewöhnt hatten, stiegen auf Schafzucht um, die Menschen mußten weichen, denn sie brachten weniger ein als die Schafe. Bei den Vertreibungen, den berüchtigten *clearances*, wurden ganze Landstriche entvölkert. Betroffen waren vor allem das schottische Hochland und die Hebriden, wo verfallene Dörfer noch heute davon zeugen. Diese Dörfer und Denkmäler aus abgerissenen Häusern sowie touristische Fahrten zu den Orten besonderen Schreckens haben die *clearances* im Gedächtnis lebendig gehalten. Erst Ende des vorigen Jahrhunderts setzten die verbliebenen Pächter Gesetze durch, die ihnen ein wenig Sicherheit verschafften, aber Pachtland blieb rar. Das schottische Landrecht stammt aus dem Mittelalter. Noch heute ist in den Gesetzen von Lehnsherren und Vasallen die Rede. 88 Prozent Schottlands sind in Privatbesitz, mehr als ein Sechstel davon gehört 21 Adelsfamilien. Mit 640 Quadratkilometern, die von tausend Angestellten bewirtschaftet werden, ist der Herzog von Buccleuch Schottlands größter Landbesitzer. Er kann seine Familie bis zu Karl II. zurückverfolgen. Der stets höfliche alte Herr hat etwas Ähnlichkeit mit Prinz Philip, dem Gemahl der Königin.

Man solle sich doch mal die gescheiterten Kolchosen in den ehemaligen kommunistischen Ländern ansehen, sagt er. Seine Ländereien gediehen dagegen prächtig. »127.000 Lämmer im Jahr, 16.000 Rinder, 18 Millionen Liter Milch, 50.000 Tonnen Holz«, zählt er auf. »Und die Liste ist noch länger, es ist ein blühendes Geschäft.« Es bringt ihm 15 Millionen Pfund im Jahr ein. Und er ist nicht einmal der schlechteste *laird*. »In den Highlands kaufen manche Leute Ländereien und halten das für eine Alternative zu einer Yacht im Mittelmeer«, sagt er, und das mißfällt ihm, denn als Landbesitzer sei man seinen Leuten verpflichtet. Doch der Wunsch nach einer Landreform wird immer stärker in Schottland.

Es war der Fall Eigg, der 1997 den Anstoß gegeben hat. Die Einwohner kauften ihre kleine Hebrideninsel. Die Geschichte ging um die Welt, in Schottland rief sie das mittelalterliche Landrecht auf die politische Tagesordnung. Die Labour Party hat einen Reformvorschlag gemacht, wichtigester Punkt ist die Informationspflicht: Will ein Landbesitzer verkaufen, so muß er die Bewohner davon unterrichten. In der Vergangenheit erfuhren sie meist erst dann vom Verkauf des Grund und Bodens, auf dem sie lebten, wenn der neue Besitzer auftauchte und sich vorstellte – falls er das überhaupt für nötig hielt. In vielen Fällen setzte er nie einen Fuß auf sein Land, wie der berüchtigte Pathologe John Green aus Sussex, der als »Dr. No« bekannt wurde. Nachdem er die Hebrideninsel Raasay gekauft hatte, begann dort schon bald der Niedergang. Green unterband jedes Bauprojekt und verhinderte sogar die Errichtung eines Landestegs für die Autofähre, aber besucht hat er seine Insel nie. In solchen Extremfällen soll das Land künftig an die Bewohner zwangsverkauft werden, so sieht es der Labourvorschlag vor. Die Politiker beeilten sich aber hinzuzufügen, daß ein solcher Fall »selten, vielleicht nie« eintreten werde. Im Normalfall, wenn also ein Landbesitzer freiwillig verkaufen will, soll ein staatlicher Schätzer den Wert der Ländereien festlegen. Die Bewohner haben dann das Erstkaufsrecht, und es muß ihnen genügend Zeit eingeräumt werden, einen Finanzierungsplan aufzustellen. Dabei soll ihnen mit Lotteriegeldern unter die Arme gegriffen werden, um die Anschubfinanzierung zu sichern, denn eine solche großzügige Spende wie im Falle Eigg dürfte wohl einmalig bleiben.

Freilich ist der Labourvorschlag weit von der Revolution entfernt, die mancher Landbesitzer bereits witterte. Er behebt lediglich mittelalterliche Zustände, und das auch nur ganz allmählich und auf freiwilliger Basis. Der Verband schottischer Landbesitzer, eine Art Club der Feudalherren, kann damit gut leben. Sein Vorsitzender Andrew Dingwall-Fordyse sagte: »Die Tage der Dinosaurier sind vorbei. Wir schauen voraus in positivem Geist.« Landbesitzer hätten von der geplanten Reform nichts zu befürchten, fügte er hinzu, warnte aber davor, »Steuergelder für den Kauf von Ländereien zu verschwenden, die niemals profitabel sein werden«.

Die Menschen von Knoydart werden es schaffen, davon sind sie überzeugt. »Manche Leute mit Geld kaufen sich ein Stück Land aus Eitelkeit«, sagt Roger Trussell. »Es ist ein Statussymbol. Aber die Landreform wird kommen, auch wenn es schrittweise passiert. Ein schottisches Parlament kann nicht funktionieren, wenn der überwiegende Teil des Landes englischen *lairds* gehört, die sich nicht um ihre Ländereien kümmern.«

»Ich rieche Torf und Seetang«

Auf der kurzen Überfahrt von Mallaig nach Armadale auf der Insel Skye ging Henry Vollam Morton vor siebzig Jahren der Gedanke durch den Kopf, daß er dabei sei, sich einen Traum zu zerstören: »Vielleicht wird es ebenso enttäuschend sein, Skye zu sehen, wie später im Leben eine Frau zu treffen, die man als 18jähriger heiraten wollte. Etwas aber, das aus den blauen Bergen herausleuchtet, bringt mir meine Fassung zurück. Die Wolken lichten sich, und ich sehe seltsame und groteske Berge. Dunkel und heroisch liegen sie da.«

Die Isle of Skye ist mit 1380 Quadratkilometern die größte Insel der Inneren Hebriden. Die Autofähre der Reederei Caledonian MacBrayne, die viele Inseln vor der schottischen Küste versorgt, benötigt eine halbe Stunde. Skye ist auf der berühmten schottischen Landkarte des Claudius Ptolemäus aus dem zweiten Jahrhundert verzeichnet. Allerdings verlagerte der Mathematiker und Geograph aus Alexandria die Hebrideninsel in die Nähe von Norwegen und nannte sie »Skitis«. Über die frühen Siedler ist wenig bekannt. Die spätere Geschichte hat jedoch bis heute ihre Spuren hinterlassen. Vor allem im Norden und Westen der Insel zeugen viele nordische Orts- und Familiennamen davon, daß

Skye vierhundert Jahre lang unter norwegischer Herrschaft stand.

Auf Skye und im übrigen Hochland hielt sich das keltische Gesellschaftssystem bis ins 18. Jahrhundert. Grundeinheit war der *clan*, die erweiterte Familie. Ihr stand der *chief* vor, dem alle zu gehorchen hatten. Nach seinem Tod wählte die Ratsversammlung einen Nachfolger. Auf Skye herrschten drei *clans*: die MacDonalds, die MacLeods und die MacKinnons.

Die Fähre von Mallaig legt im Hafen von Armadale mit seinem »Seafood Takeaway« – einer winzigen Holzhütte – und seinem Souvenirladen an. Gleich daneben steht Armadale Castle, der Stammsitz der MacDonalds. Das Schloß, das erst 1815 erbaut wurde, ist heute eine Ruine. Im restaurierten Teil befindet sich das Clan Donald Centre, wo ein audiovisuelles Programm darüber informiert, wie die MacDonalds zum bestorganisierten *clan* der modernen Zeit wurden – auch wenn von den 480.000 Hektar, die der *clan* vor hundert Jahren auf Skye noch besaß, inzwischen nur noch ein Drittel übrig ist. Der Sippe gehören ebenso viele Mitglieder an, wie Schottland Einwohner hat: fünf Millionen, darunter auch die berühmten Fleischbrötchenkonstrukteure aus den USA. Wer möchte, kann im Studienzentrum des Schlosses nach seinen Vorfahren forschen. Der heutige *clan chief* betreibt in Irleornsay etwas weiter nördlich ein Hotel. Das dazugehörige Restaurant ist alles andere als ein

McDonald's: Es handelt sich um einen exklusiven Laden mit exorbitanten Preisen.

Hinter Armadale wird die Straße für zwanzig Kilometer einspurig. Von Zeit zu Zeit gibt es geteerte Ausbuchtungen, die bei Gegenverkehr das Ausweichen ermöglichen. In den Straßenbelag sind immer wieder Metallgitter eingelassen: Sie dienen als Sperren für Schafe, denn die können mit ihren Hufen nicht über die schmalen Gitterstäbe laufen. Die Straße führt durch den »Garten von Skye«, wie die Sleat-Halbinsel heißt, nach Broadford. Vor der Küste liegt Pabay, die »Priesterinsel«, wo früher Piraten hausten. Drei Buchten weiter kommt man nach Portree, mit 1500 Einwohnern die Hauptstadt der Insel. Der Name bedeutet im Gälischen »Königshafen«: Hier stach Jakob V., der Vater von Maria Stuart, 1540 in See, um den *clan chiefs* der übrigen Hebrideninseln Respekt vor der schottischen Krone beizubringen.

Von Portree führt eine schmale Straße die Ostküste entlang zur Halbinsel Trotternish hinauf. Nach einer Weile stößt man links auf den Old Man of Storr, einen über fünfzig Meter hohen Basaltfelsen, der erst 1955 von Bergsteigern zum ersten Mal bezwungen wurde. Jetzt wird klar, warum Skye auf gälisch *Eilean a Cheo,* die Nebelinsel, heißt: Der »alte Mann von Storr« ist im Nebel verschwunden. Zu seinen Füßen wurde 1891 ein sagenhafter Schatz gehoben: Broschen und Armreifen aus Silber sowie Münzen aus dem zehnten Jahrhundert. Man nimmt an, daß die Gegenstände von Wikingern vergraben worden waren.

Etwas weiter nördlich liegt der kleine Loch Mealt, der über die Klippen ins Meer fließt. Das Wetter meint es heute nicht gut. Der orkanartige Wind peitscht den Regen über den leeren Parkplatz am *kilt rock,* dessen Gesteinsformationen dem Muster der schottischen Nationaltracht, dem *kilt,* ähneln sollen. Der Rand der Steilklippe ist mit einem Metallgitter gesichert, das im Sturm wie eine Windharfe Töne von sich gibt.

Kurz darauf wird die Straße wieder einspurig. Die Gegend heißt Flodigarry: Hier hat Flora MacDonald gelebt, und ganz in der Nähe bei Kilmuir ist sie auch begraben. Die berühmteste Frau in der Geschichte von Skye hat im Jahr 1746 Prinz Charles Edward, der in Schottland liebevoll Bonnie Prince Charlie genannt wird, nach seinem gescheiterten Aufstand zur Flucht verholfen, indem sie ihn als irische Magd verkleidete. Die Tat brachte ihr zwei Jahre im Tower von London ein. Danach lebte sie lange in Amerika, bevor sie 1779 nach Skye zurückkehrte, wo sie elf Jahre später starb. Überall auf der Insel stößt man auf die Spuren von Bonnie Prince Charlie, der das Gelingen seiner Flucht nach Frankreich aber nicht allein Flora MacDonald verdankt: Auch die ärmsten Inselbauern verschmähten damals das Kopfgeld von dreißigtausend Pfund und hielten dicht.

An der Nordspitze der Trotternish-Halbinsel steht am Meer die Ruine von Duntulm Castle, das die MacDonalds Anfang des 17. Jahrhunderts in Besitz nahmen, um ihre Ländereien gegen ihre Erzfeinde, die MacLeods, zu verteidigen. Warum sie die Burg später räumten und verfallen ließen, ist nicht überliefert. Man erzählt sich, daß der Geist ihres Vorfahren Donald Gorm More MacDonald so lange dort herumgespukt ist, bis der *clan* entnervt auszog.

Die Gegend, so scheint es, ist völlig menschenleer. Doch als der Regen etwas nachläßt, steht hinter einer Kurve plötzlich ein Tramper. Angus wohnt in Kilmalnuag und will einen Nachbarn in Linicro besuchen. Weil er aber nichts zu tun hat, beschließt er, an der Rundfahrt um Skye teilzunehmen.

Angus ist Mitte Zwanzig. Er ist Gelegenheitsarbeiter. »Mal beim Straßenbau, mal fahre ich Kohlen in einem Lieferwagen aus«, sagt er, »aber zur Zeit bin ich arbeitslos.« Er wünscht sich, daß er im Winter von Skye weg kann. »Es ist wild hier«, sagt er, »aber im Sommer ist es erträglich. Da ist die Insel voller Touristen.«

Neben dem Tourismus lebt Skye vor allem von der Landwirtschaft. Noch vor zweihundert Jahren wurde das Land nach einem besonderen System, dem *Run-Rig,* verteilt: Jede Parzelle oder *croft* wechselte alle zwei oder drei Jahre den Besitzer, so daß jeder Kleinbauer den gleichen Anteil an gutem und schlechtem Ackerboden bekam. Das Weideland auf den Hügeln blieb im Allgemeinbesitz. Gegen Ende des 18. Jahrhunderts änderte man dieses System. Von nun an behielten die Kleinbauern dieselbe Parzelle, weil die Landbesitzer davon ausgingen, daß sie sich dann stärker mit der *croft* identifizierten.

Heute gibt es knapp 1900 *crofts* auf Skye, aber nur rund hundert sind groß genug, daß ein Pächter davon leben kann. Industrie gibt es kaum. Die jungen Leute müssen sich auf dem Festland Arbeit suchen, so daß die Pensionäre auf Skye in der Mehrheit sind. Noch 1840 lebten 23.000 Menschen auf der Insel, heute ist es nicht mal ein Viertel davon.

Hinter Uig an der Westküste von Trotternish geht rechts eine Straße nach Vaternish, einer weiteren Halbinsel, ab. Die beiden Halbinseln sehen auf der Landkarte aus wie Flügel. »In Gälisch nennt man Skye auch Eilean Sgiathanach«, sagt Angus, »die geflügelte Insel.« Im Südwesten von Vaternish, am Loch Dunvegan, steht hoch auf einem Felsen das Dunvegan Castle. Es ist die älteste Burg in Großbritannien, die ununterbrochen von ein und derselben Familie bewohnt wurde – den MacLeods. Der Clangründer war der jüngste Sohn von Olaf, einem der letzten norwegischen Könige der Isle of Man. Wenn man die Gärten vor der Burg betritt, steht man in einer völlig anderen Landschaft: blühende Sträucher, bunte Blumen, dichte Hecken und ein gepflegter englischer Rasen. »Die alten *chiefs* wußten, wie man sich einrichtet«, meint Angus.

Aber sie wußten auch, wie man mit Feinden fertig wurde: In den Felsen unter der Burg ist ein Verlies eingehauen, in das im 14. Jahrhundert unliebsame Personen geworfen wurden. Heute können Besucher von oben durch ein Gitter hinabblicken. Unten liegen zwei lebensgroße Puppen, aus einem Tonband dringt erbärmliches Stöhnen nach oben. Gleich neben dem Loch zum Kerker befindet sich der große Salon mit dem »Feenbanner«, dem »wertvollsten Besitz des *clans*«, wie John MacLeod of MacLeod, der 29. *chief,* sagt. Die Fahne ist aus syrischer Seide, sie ist etwa 1500 Jahre alt. Man sagt ihr magische Kräfte nach: Dreimal, so heißt es, könne sie den *clan* MacLeod in großer Not retten. Zweimal soll sie in der Vergangenheit bereits erfolgreich enthüllt worden sein.

Von Dunvegan ist es nicht weit bis Drynoch, wo die Straße nach Glen Brittle in den Cuillin Hills – oder Coolins – abbiegt. Die Berge ragen praktisch direkt aus dem Meer fast tausend Meter hoch auf, und die Kuppen sind bis weit ins Frühjahr hinein schneebedeckt. »Die Natur muß etwas Besonderes im Sinn gehabt haben, als sie die Berge von Coolins gegen das Licht der Sonne stellte«, schrieb Henry Vollam Morton, »ich kann mir schon vorstellen, daß ein Mensch, der zu Neurosen neigt, vor diesen Bergen wie vor dem Teufel flieht.« Viele Bergsteiger unterschätzten die Cuillins, meint Angus: »Es kommt hin und wieder zu tödlichen Unfällen.« Glen Brittle besteht lediglich aus einer Farm, die Straße führt mitten durch den Hof zum Loch Brittle. Das Wetter lädt nicht gerade zum Baden ein, und so sitzen acht Urlauberfamilien in ihren Autos und picknicken im Trockenen. Am Ufer befindet sich eine »Haltestelle«: Im Sommer fährt ein Bus an Werktagen dreimal täglich nach Portree.

Angus will jetzt aber zum Loch Harport auf der Halbinsel Minginish. Auf einer kleinen Straße geht es steil hinab zum See. Rechts liegt das Old Inn, eine winzige Kneipe am Wasser, doch ein Stück weiter zieht sich ein moderner Flachbau am Ufer entlang. Hier wird der bekannteste Exportartikel der Insel hergestellt: Talisker Whisky. Robert Louis Stevenson hat das hochprozentige Gesöff in einem Gedicht als »König der Getränke« gepriesen. Auch James Boswell, Samuel Johnson und Walter Scott haben im Talisker House auf ihren Highlandreisen übernachtet und, wenn man der Überlieferung glauben darf, dem Whisky kräftig zugesprochen.

Der Malzwhisky verdankt sein Aroma dem Torf, der zum Trocknen des Malzes benutzt wird. Zwei Schafhirten haben 1830 mit der Brennerei begonnen. Im Besucherzentrum der Brennerei schenkt man uns zwei Gläser ein. »Ich rieche Torf und Seetang«, sagt Angus voller Vorfreude, als er seine Nase ins Glas hängt.

Dann nimmt er einen kräftigen Schluck und sagt mit Kennermiene, als ob er den Whisky zum ersten Mal probiere: »Rauchig und würzig mit einem langen Abgang – eindeutig der beste Whisky der Highlands.«

Die Lairds von Eigg

Das Tuckern der Dieselgeneratoren ist das einzige Geräusch, das die Stille durchdringt. Eigg hat keinen eigenen Strom, und wenn die Generatoren um Mitternacht abgeschaltet werden, liegt die Insel im Dunkeln. Man gewöhnt sich dran. Für die 65 Einwohner auf dem drei Hektar großen Eiland ist es ein Luxus, für ein paar Stunden am Tag Strom zu haben, für die Waschmaschine und den Fernseher.

Eigg gehört zu den »Small Isles«, den vier kleinen Inseln vor der Westküste. Die anderen sind Rum, Muck und Canna. Eine Fähre klappert die Inselgruppe von Mallaig aus täglich ab. Sie befördert nicht nur Besucher, sondern auch Lebensmittel, Getränke, Baumaterialien und alles, was man sonst noch zum Leben braucht. Weil das Schiff im Hafen von Kildonnan nicht anlegen kann, schicken sie von der Insel ein kleines Motorboot hinaus in die Bucht. Dort muß alles umgeladen werden, Waren und Menschen.

Auch Henry Vollam Morton hat die Reise gemacht: »Es dunkelte bereits, als ich zu dem äußersten Vorposten der Welt kam, nach Mallaig: Da gibt es einen Hafen, und in diesem Hafen ankert eine seltsame, sturmgepeitschte Flotte von kleinen Schiffen mit hohen Vordecks. Dort riecht es nach all jenen Sachen, die Hunger aufs Meer machen, nach Erbsensuppe, Hammelfleisch und Speck. Diese Schiffe führen für die Menschen der Hebriden fast den Beweis, daß es irgendwo auf der Welt einen Fleck Erde gibt, den man Großbritannien nennt.«

Die Ankunft der Fähre ist das Ereignis des Tages, eine kleine Menschenmenge hat sich an der Pier eingefunden. Der Inseldoktor nimmt seine neue Schubkarre in Empfang, Sue Kirk lädt die Waren für ihren Laden ins Auto, Angus McKinnon holt einen Nachbarn vom Festlandausflug ab, das Inseltaxi wartet auf eine Fuhre. Und wer nichts zu tun hat, kommt auf ein Schwätzchen zum Steg.

John Cormack, ein großer Mann, Mitte Dreißig, hat etwas zu tun. Er ist Briefträger und hat das beste Auto auf der Insel, einen roten Kombi mit der Aufschrift »Royal Post«, wie sie auch in London herumfahren. Er lädt die beiden schwarzen Postsäcke ein und fährt damit zu Sue Kirks Laden. Es gibt auf Eigg nur eine einspurige Teerstraße, die sich an beiden Enden gabelt. Kein Schild weist die blaue Wellblechhütte mit rotem Dach oberhalb des Hafens als Einkaufsladen aus, nur ein kleiner Aufkleber am Fenster verrät, daß hier auch das Postamt untergebracht ist – ein Tresen in der Ecke neben der Tür, dahinter zwanzig Fächer mit den Familiennamen der Einwohner. Dreimal in der Woche fährt John Cormack die Post aus. »Ein Brief aus London braucht schon seine Zeit«, sagt er bedächtig, »es kommt halt auf die Fähren und das Wetter an.« Auf Eigg gibt es keine Eile.

Sue Kirks Laden ist das Gemeindezentrum. Die meisten Inselbewohner trudeln nach und nach ein, weil sie wissen, daß die Fähre frisches Obst und Gemüse gebracht hat – und Bier. Die vier Kästen sind im Handumdrehen ausverkauft, denn es gibt kein Wirtshaus auf Eigg. Die Leute bleiben noch ein Weilchen, tauschen Nachrichten aus und sammeln ihre Post ein. John Cormack muß mit seinem roten Auto gar nicht mehr losfahren. Im Eingang des Ladens hängt eine Tafel, an der die geplanten Hochzeiten und die letzten Nachrichten der Insel-Treuhandgesellschaft angeschlagen sind.

Maggie Fyffe gehört zum Vorstand der Gesellschaft. Vor 22 Jahren ist sie mit ihrem Mann aus Nordengland herübergekommen, weil Keith Schellenberg, der *laird* von Eigg, ihnen Arbeit in seinem Kunsthandwerksgeschäft gegeben hat. »Wir sind seinetwegen hergekommen, aber er wollte uns schon bald wieder loswerden«, sagt Maggie Fyffe und lacht dabei aus vollem Herzen. Die Fyffes gelten als Hippies auf der Insel – Althippies vielleicht. Beide sind fast fünfzig. Maggie ist klein, rundlich, hat lange, graue Haare und trägt einen selbstgestrickten Pullover. Ihr Mann Wes ist spindeldürr, hat ebenfalls lange graue Haare und einen mächtigen grauen Bart.

Die Fyffes mögen Schellenberg nicht, keiner

mag ihn, und daß er einmal olympischer Bobfahrer war – was soll's. Nach schottischem Feudalrecht, das noch immer in weiten Teilen des Hochlands und auf den Inseln gilt, gehört dem *laird* nicht nur der Grund und Boden, sondern auch alles, was darauf steht und wächst. Wie Leibeigene können die Bewohner jederzeit aus den Häusern vertrieben werden. »Jede Veränderung, jeder Schuppen mußte von Schellenberg genehmigt werden«, sagt Maggie Fyffe, »doch er sagte fast immer nein.« Die Leute von Eigg begannen einen Kleinkrieg gegen Schellenberg und zermürbten ihn, bis er die Insel an den Stuttgarter Feuerkünstler Marlin Eckard, der sich Maruma nennt und in Wirklichkeit Herr Oesterle heißt, verkaufte. Dessen ehrgeizige Pläne für die Insel erwiesen sich als Luftschlösser. Um dem Ruin zu entgehen, mußte er bald wieder verkaufen.

Da hatten die Inselbewohner genug von ihren *lairds*. »Wir warfen die Generatoren an und riefen per Internet zu Spenden auf«, erzählt Maggie Fyffe. Ein Märchen wurde wahr: Eine anonyme Spenderin schickte eine Million Pfund – zwei Drittel des Kaufpreises. »Ich hatte an zweitausend, vielleicht dreitausend Pfund gedacht, als sie eine größere Spende ankündigte«, sagt Maggie Fyffe.

Seit dem 12. Juni 1997 gehört den Menschen von Eigg die Insel, die ihre Heimat ist. Nun können sie endlich öffentliche Gelder beantragen, um die Gebäude zu retten, die der *laird* verkommen ließ. Selbst die Grand Lodge, das Herrenhaus von Eigg im italienischen Stil aus den zwanziger Jahren, in dessen Garten Palmen wachsen, ist stark mitgenommen. Trockenfäulnis hat das Parkett im Ballsaal gewölbt. Die einstige Klasse ist nur noch zu erahnen. Im Parterre liegen nebeneinander drei Badezimmer mit Zinkwannen und großen, schweren Wasserhähnen. Haben die Herrschaften gern gleichzeitig gebadet?

Hinter der Grand Lodge erhebt sich An Sgurr, 393 Meter hoch, wie eine Sphinx. Es ist die größte Masse an Pechsteinlava in Großbritannien. Sie wurde im Tertiärzeitalter von den Vulkanen auf Rum, Mull und Ardnamurchan ausgespuckt. An Sgurr verleiht Eigg eine weithin sichtbare Autorität, mal wirkt er wie ein kauernder Löwe, mal wie ein Drachen. Vielleicht wurde die Insel deshalb zum Treffpunkt der hebridischen *clan chiefs*. Oben, in der Nähe des Forts aus der Eisenzeit, hat man ein Saurierskelett gefunden. Saurier sind selbst auf Eigg längst ausgestorben, auch wenn dort die Zeit stehengeblieben ist. Aber es gibt 170 Vogelarten und 430 verschiedene Pflanzen auf der kleinen Insel. Um den Gipfel des Sgurr kreisen Steinadler, Bussarde, Seeschwalben, auch Sturmtaucher, sie wurden von den Bewohnern *fachach* getauft, »Dickmöpse«, und weil die Insulaner die Vögel früher gegessen haben, bekamen sie schließlich selbst diesen Namen.

Zu Füßen des mächtigen Lavabrockens liegen Upper und Lower Grulin, zwei Siedlungen, von denen heute nur noch Reste übrig sind, überwachsen von Heidekraut. Hier lebten einmal 120 Menschen, sie hatten der Insel mit Hilfe von Seetangdünger kleine Streifen fruchtbaren Bodens abgerungen. 1827 kaufte ein Hugh McPherson die Insel vom MacDonald-*clan*, der sie mehr als fünfhundert Jahre besessen hatte. McPherson wollte mit der Schafzucht Geld verdienen, und da war kein Platz mehr für die Menschen: 1853 wurden die Bewohner Grulins auf Schiffe verfrachtet und nach Nova Scotia in die Neue Welt geschickt. Seitdem gehören die beiden Geisterdörfer den Schafen. Der schottische Schriftsteller R. B. Robertson schrieb 1957: »In der Stadt trifft man das Schaf nur selten an; aber es zeigt, entgegen dem allgemeinen Glauben, überhaupt nur geringe Neigung, sich in großen Herden zu sammeln, außer in Zeiten der Gefahr. Die Schafe haben eher die Tendenz, sich so weit über die Erdoberfläche zu zerstreuen, wie es die göttlichen und menschlichen Zäune zulassen.«

Auf Eigg leben zweitausend Schafe. Die Hälfte davon gehört Colin Carr. Seine dichten Locken und das jungenhafte Gesicht lassen ihn jünger erscheinen. Er kam 1975 nach Eigg für einen Sommerjob, traf Marie, eine Inselschönheit, und blieb fürs Leben. Die beiden haben fünf Kinder, die nun die Hälfte der Schülerschaft in der Zwergschule von Eigg ausmachen. Nach

Abschluß der Grundschule müssen sie auf die Oberschule nach Mallaig, wo sie bei Pflegeeltern untergebracht werden. Die Carrs sehen dem Tag, an dem das älteste Kind aufs Festland muß, mit etwas Traurigkeit entgegen. »Selbst am Wochenende können sie nur selten nach Hause, weil die Fährzeiten ungünstig sind«, sagt Vater Carr.

Colin hat einen Nebenjob, er ist Polizist, »Special Constable«, ein Ehrenamt ohne Bezahlung, denn auf Eigg passiert nicht viel. Einmal, vor vielen Jahren, brachen ein paar Jugendliche aus Birmingham in Sue Kirks kleinen Laden ein, klauten das bißchen Geld und wurden gefaßt. Wohin sollten sie auch flüchten? Sein größter Fall war jedoch das Feuer, bei dem zwei Schuppen unten am Hafen abbrannten. In einem davon war Keith Schellenbergs Rolls Royce geparkt. Der Luxusschlitten hatte danach nicht mal mehr Schrottwert. »Der Fall ist bis heute ungelöst«, sagt Carr und schüttelt bedauernd den Kopf. Marie lacht leise in sich hinein. »Es gab keine Zeugen.«

Das zweihundert Jahre alte Bauernhaus der Carrs steht auf dem Hügel am Meer neben einem Wikingertumulus und einem Autofriedhof. Die Entsorgung der rostenden Blechkisten ist ein Problem. Wer auf dem Festland ein neues Auto kauft, muß eine Autofähre mieten. Die ausgedienten Exemplare nimmt sie aber nicht mit, denn das wäre zu teuer. Es gibt ja nicht mal eine Müllabfuhr auf Eigg. Der Abfall wird streng nach Wiederverwertbarem und Brennbarem getrennt, der Rest wird vergraben.

Vor dem Haus der Carrs, wo die Straße endet, ist noch ein anderer Friedhof. An der Stelle hatte der heilige Donnan ein Kloster gegründet. Im Jahr 617 sind die kriegerischen Amazonen, denen die Insel gehörte, vom Sgurr heruntergekommen und haben Donnan und seine 52 Mönche umgebracht. *Eilean Nimban More,* so hieß Eigg damals, »Insel der großen Frauen«. Um Mitternacht nach dem Massaker soll ein merkwürdiges Licht über den Gräbern geleuchtet haben, und man sagt, mysteriöse Stimmen sangen: »Das Auge Christi auf dem Grab Donnans, nichts Schlechtes dem Grab Donnans.« Die Kirche wurde erst später von den Norwegern bei einem Raubzug zerstört. Im 14. Jahrhundert errichteten die Bewohner ein neues Gotteshaus, aber wegen der Reformation blieb es ohne Weihe und ohne Dach. Die katholischen Messen wurden heimlich in einer Höhle am Meer unterhalb der Grand Lodge gelesen. Man kann sie nur bei Ebbe erreichen, ebenso wie die benachbarte »Massakerhöhle«.

Dort spielte sich 1577 eine schaurige Geschichte ab. Damals herrschten die MacDonalds auf Eigg, die in ständiger Fehde mit den McLeods von der Nachbarinsel Skye lagen. Nachdem es wieder mal ein Scharmützel gegeben hatte, rückten die McLeods mit großem Aufgebot an. Die Inselbewohner versteckten sich jedoch in der Höhle. Man muß sich erst auf allen Vieren durch einen Felsspalt zwängen, bevor man in das geräumige und trockene Versteck gelangt.

Es war nicht gut genug, das Versteck, und die McLeods lauerten einem Späher auf, der herausfinden sollte, ob die Luft rein war. Sie folgten ihm heimlich zur Höhle und entzündeten am Eingang ein Feuer. Alle 395 MacDonalds erstickten. Sir Walter Scott hat bei einem Besuch der Höhle im Jahr 1814 Knochen gefunden und einen als Souvenir mitgenommen. Später beerdigte man die Überreste an einem unbekannten Ort.

Nach dem Massaker dauerte es Jahrzehnte, bis Eigg von den Nachbarinseln aus neu besiedelt wurde. Deshalb beginnt die Geschichte der Bewohner erst im 17. Jahrhundert. Keiner kann seine Ahnentafel weiter zurückverfolgen als Angus McKinnon: Sie reicht bis ins Jahr 1650. Oben, am Rand der Klippen von Cleasdale, steht sein Haus. McKinnon ist 72, hat dichte graue Haare und wirkt meist mürrisch. Er schimpft auf das Feudalsystem, er schimpft auf die neuen Zeiten.

»Nicht die Insel hat sich verändert, sondern das Leben auf der Insel. Früher geschah das allmählich, nicht so abrupt wie heute. Viele sind weggegangen, weil die Landbesitzer uns so miserabel behandelt haben. Als ich noch klein war, kam der *laird* manchmal, ohne anzuklopfen, ins

Haus und schaute in den Kochtopf, um zu sehen, ob wir gerade eines seiner Schafe zubereiteten.« Später ist McKinnon auch weggegangen und hat es draußen zu etwas gebracht. Er besuchte die Oberschule in Inverness, studierte in Edinburgh und wurde Ingenieur. Als die Eltern alt waren und nicht mehr für sich sorgen konnten, kam McKinnon 1965 zurück und übernahm den kleinen Pachthof beim singenden Sand: Camas Sgiotaig heißt der Strand, an dem das Meer im Laufe der Jahrhunderte richtige Sandsteinskulpturen geschaffen hat. Wenn man auf den trockenen Sand tritt, macht er ein eigenartiges Geräusch. Das sind die Stimmen der Ertrunkenen, sagen die Einheimischen.

Von den christlichen Kirchen ist die Insel immer vernachlässigt worden. Außer von Donnan, aber der war ja auch heilig. Einmal in der Woche kommt ein katholischer Pfarrer vom Festland und hält die Messe. Südwestwind und Regen haben dem fast hundert Jahre alten Gotteshaus an der Bucht von Laig stark zugesetzt. Im Glockenturm hängt ein leerer Haken, das angebaute Pfarrhaus ist nur noch eine Ruine. Die protestantische Kirche an der Straße ist fünfzig Jahre älter, aber besser in Schuß. Sie ist innen mit Holz verkleidet, hat Gaslicht und eine Heizspirale hinten an der Wand. Der Pfarrer kommt im Sommer monatlich von Arisaig herüber, im Winter je nach Wetterlage.

Neben der Kirche wohnt Christopher Tiarks,

der Inseldoktor. Am Eingang zur Praxis hängt ein Schild: »Gummistiefel bitte ausziehen.« Tiarks ist nicht nur für Eigg zuständig, sondern auch für die drei anderen kleinen Inseln. Im Sprechzimmer stapelt er seine Patientenkartei in vier Pappkartons mit weißen Aufklebern: Eigg, Rum, Muck, Canna. Er betreut 150 Patienten, einmal in der Woche fährt er mit seinem Motorboot zu den anderen Inseln zur Sprechstunde. Tiarks träumt von einer Videoverbindung zwischen den Inseln: »Das würde mir Ferndiagnosen erleichtern.«

Der Doktor kommt aus Lancashire, seine Vorfahren stammen aus Schleswig-Holstein. Daß er Engländer ist, stört seine Patienten nicht: »Sie sehen dich ja nicht als Person, sondern als Dienstleistung.« Zwei Jahre will er noch so weitermachen, dann ist Schluß: »Deine Fähigkeiten rosten auf einer kleinen Insel ein. Nach fünf Jahren bist du gefährlich, nach zehn Jahren tödlich.« Und er möchte auch mal wieder ein Glas Wein trinken. Seit er auf Eigg ist, hat er darauf verzichtet, denn er ist immer im Dienst. Bei den *ceilis,* den Tanzveranstaltungen, die an den Wochenenden reihum in den Privathäusern abgehalten werden, wollen sie alle mit ihm anstoßen. »Aber wenn sie dann auf dem Nachhauseweg betrunken aus ihrem Landrover fallen«, sagt er, »dann erwarten sie, daß ich nüchtern bin, damit ich sie wieder zusammennähen kann.«

Als das Telefon klingelt, hebt der Doktor ab und meldet sich. Es ist Marie Carr, ihr jüngster Sohn hat Windpocken. Morgen werden sie die Schule vorsichtshalber für ein paar Tage schließen.

»Das Öl schwimmt oben, die Fische schwimmen unten«

»Die Politiker reden dauernd davon, daß wir Glück haben, weil das norwegische Leichtöl vor der Shetlandküste angeblich von der Natur selbst abgebaut wird«, sagt Michael Flynn. »Das sollen sie mal den Vögeln erzählen, die ständig angespült werden.« Der etwa dreißigjährige Flynn arbeitet ehrenamtlich für die »Schottische Gesellschaft zur Verhinderung von Grausamkeiten an Vögeln« (SSPCB).

Seitdem der unter liberianischer Flagge fahrende US-Tanker »Braer« mit 84.500 Tonnen Rohöl an Bord wegen Maschinenschadens an der Südspitze der Shetlandhauptinsel Mainland auf einen Felsen aufgelaufen und leckgeschlagen ist, versucht die SSPCB, von dem international bedeutenden Vogelparadies auf den Shetlands zu retten, was zu retten ist. Bereits drei Jahre zuvor hatte die SSPCB gemeinsam mit Umweltschutzorganisationen, der Bezirksverwaltung und der Ölindustrie einen Koordinationsausschuß gegründet, um für den Ernstfall gewappnet zu sein. »Wir müssen praktisch denken und mit der Ölindustrie zusammenarbeiten«, sagt Flynn. »Es gibt sie nun mal, und ich sehe nicht ein, warum wir von ihr kein Geld für unsere Arbeit nehmen sollen. Das heißt ja nicht, daß wir gutheißen, was sie tut.«

Die Ölfirmen, die bei Sullom Voe im Norden Mainlands das größte Ölterminal Europas gebaut haben, sind an guten Beziehungen zur Bevölkerung interessiert. So helfen sie mit ihren technischen Geräten, Fahrzeugen und Hubschraubern auch mal, wenn sich ein Schaf auf den Klippen verirrt hat. »Es nützt ihrem Image«, sagt Flynn. »Und gerade jetzt brauchen wir jede Hilfe, die wir bekommen können. Es geht ja nicht nur um die Vögel. Wir kümmern uns um alle Tiere, die in Not sind. Das erwartet die Bevölkerung von uns. Wir haben inzwischen einen Hilferuf von den Lachsfarmern weiter nördlich erhalten. Ob wir ihnen helfen können, weiß ich nicht. Aber wir müssen es wenigstens versuchen.«

John Pottinger ist Lachsfarmer in Scalloway an der Westküste von Mainland. Der kleine Fischerort liegt vierzig Kilometer von Garths Ness entfernt, wo die »Braer« auf den Felsen aufgelaufen ist. Der 42jährige hat ein weiches, rotes Gesicht und trägt eine imprägnierte Latzhose, eine gefütterte blaue Jacke und gelbe Gummistiefel. Er hat seit dem Tankerunglück nicht mehr geschlafen, verfolgt ständig die Berichte des Shetland-Radiosenders über die Ausbreitung des Rohöls. »Es ist schon fünf Kilometer vor Scalloway«, sagt er. »Das Schlimme daran ist, daß man nichts tun kann, sondern hilflos zuschauen muß. Es ist nur noch eine Frage der Zeit, bis das Öl unsere Bucht erreicht.«

Wir sitzen an einem runden Resopaltisch im Fisherman's Arms, einer kleinen Hafenkneipe in Scalloway. Die Bar ist mit einer bronzenen Schiffsglocke, einem Kompaß und anderen Seefahrtsutensilien dekoriert. An den Wänden hängen etwa zwanzig alte Zeichnungen von Schiffen, daneben eine moderne CD-Musikbox. Im Mittelpunkt der Kneipe steht ein ramponierter Billardtisch, der von einer mit Draht befestigten, verrosteten Lampe beleuchtet wird. Auf den Barhockern sitzen acht Fischer, die wegen des Sturms heute nicht hinausfahren können und schon am Nachmittag ziemlich betrunken sind.

Auch Pottinger wollte eigentlich nach seinen Lachskäfigen sehen, um zu kontrollieren, ob das Unwetter weitere Schäden angerichtet hat. Am Vortag sind bereits zwei Käfige mit je 14.000 Lachsen vom Sturm mit Windstärke zwölf zerfetzt worden. »Darauf kommt es jetzt auch nicht mehr an«, sagt er. »Ich bin ohnehin ruiniert, wenn das Öl kommt.« Pottinger hat vor fünf Jahren mit der Lachszucht begonnen. »Im vergangenen Jahr hatten wir zum ersten Mal eine ausgeglichene Bilanz«, erzählt er. »Die Kosten für die Käfige und das Boot sind sehr hoch. Außerdem muß ich meine Leute bezahlen.« Inzwischen besitzt Pottinger 170.000 Lachse. Die Fische wiegen zur Zeit höchstens ein Kilo. »Wenn die Lachse im August ihr volles Gewicht erreicht haben, bekommen wir zwölf Pfund pro Stück«, sagt er. »Mit ihrem jetzigen Gewicht sind sie aber nur 1,50 Pfund wert.« Die Versicherung zahlt dagegen 3,50 Pfund pro Lachs. »So pervers das ist: Wir könnten es uns finanziell gar nicht leisten, die Lachse vor dem Öl zu retten und sie schnell zu verkaufen, selbst wenn das ginge«, sagt Pottinger. »Aber in der kurzen Zeit, die uns noch bleibt, wäre das sowieso nicht zu schaffen.«

Auf Mainland gibt es sechzig Lachsfarmen. Zwölf davon liegen bei Scalloway. Sie sind als erste vom Öl betroffen. »Normalerweise haben wir in dieser Jahreszeit Südwestwinde«, sagt Pottinger. »Seit einer Woche herrscht jedoch Sturm aus Süden und Südosten, der das Öl die Westküste hinauftreibt.« Da die Lachszucht ein risikoreiches Geschäft ist, mußte er eine persönliche Haftung in Höhe von 25.000 Pfund übernehmen, um den Bankkredit zu erhalten. »Von diesem Verlust kann ich mich nicht erholen«, fürchtet er. »Ich müßte praktisch von vorne anfangen, zumal die Versicherungen keine Käfige versichern, die älter als fünf Jahre sind. Doch die Banken werden mir den Hahn zudrehen.«

Verschiedene Supermärkte haben Fisch von den Shetlands bereits aus den Regalen genommen. »Da werden alle über einen Kamm geschoren«, sagt Pottinger. »Dabei ist bisher doch erst ein Teil der Inseln betroffen. Es ist eine Katastrophe, nicht nur für mich. Shetland lebt vom Meer.« Er macht jedoch die Besatzung der »Braer« nicht für das Unglück verantwortlich:

»Sie haben den kürzesten Weg gewählt, das kann man ihnen nicht vorwerfen. Doch die britische Regierung hätte die schmale Straße südlich von Mainland für Tanker sperren müssen. Das konnte sie jedoch nicht, da sie nicht die entsprechende UN-Resolution unterzeichnet hatte, die das erlauben würde – aus Angst, daß andere Länder dann bestimmte Strecken für britische Tanker sperren würden.«

Die überwiegend philippinische Besatzung der »Braer« hatte sich bei der Internationalen Transportarbeitergewerkschaft über schlechte Arbeitsbedingungen, niedrige Löhne und zu hohe Arbeitsbelastung beschwert. Der stellvertretende Generalsekretär der Gewerkschaft, Tony McGregor, sagte: »Wir würden gerne wissen, wie viele Mitglieder der Besatzung zur Zeit des Unglücks Dienst hatten.« Die Mannschaft des nordirischen Fischerboots »Stephens« behauptet, sie habe bereits kurz vor Mitternacht einen Tanker in der Nähe der Stelle gesehen, an der die »Braer« angeblich erst mehr als fünf Stunden später mit Maschinenschaden liegenblieb. Außer der »Braer« war in dieser Nacht jedoch kein Tanker in der Gegend unterwegs. Alexandros Gillis, der griechische Tankerkapitän, beschuldigt dagegen die Küstenwache, auf seinen Hilferuf viel zu spät reagiert zu haben. Die Schuldfrage ist Gegenstand einer Untersuchung, die auf den Shetlands durchgeführt werden soll.

»Schadensersatz nützt uns nichts«, sagt Pottinger. »Uns ist über Nacht die Lebensgrundlage entzogen worden, und das kann niemand wiedergutmachen.« Er glaubt nicht, daß die Schwimmbarrieren, die das Öl absorbieren sollen, die Katastrophe verhindern können. »Wir werden dennoch versuchen, sie morgen auszulegen, weil die Versicherung das verlangt. Warum fährst du nicht mit?« Er breitet eine detaillierte Landkarte auf dem Billardtisch aus und zeichnet die Stelle fast an der Spitze der Whiteness-Halbinsel ein, an der sein Boot liegt.

Am nächsten Morgen hat sich der Sturm noch immer nicht gelegt. Die Bergungsmannschaften sind nach wie vor zum Nichtstun verurteilt. Pottinger und seine vier Mitarbeiter sitzen in einem kleinen Wohnwagen am Ufer der Whiteness-Bucht und kochen Kaffee. Neben dem Wohnwagen am Fuß der Klippen steht ein Geräteschuppen, hinter dem Dutzende von blauen Plastikfässern mit Fischfutter gestapelt sind. Nach einer halben Stunde entschließen sich die Männer, zu den Lachskäfigen in der Bucht zu fahren. Man kann das Öl bereits riechen, es soll schon kurz vor der Bucht angekommen sein. Die acht Käfige, die etwa 150 Meter tiefer in der Bucht liegen, sind noch in Ordnung. Sie sind jeweils etwa zehn mal zehn Meter groß und durch schmale Laufstege aus Metall miteinander verbunden. Über die Käfige sind Netze gespannt, die verhindern sollen, daß die Lachse in die Freiheit springen. Pottinger inspiziert die Lage kurz, wendet dann das Boot und steuert in Richtung Meer, wo weitere zwölf Käfige verankert sind.

Der Sturm fegt das Wasser über die Reling, das kleine Boot schaukelt so stark auf den Wellen, daß man sich mit beiden Händen festklammern muß. Schon von weitem sieht man am Ufer die Trümmer der beiden Käfige. Die übrigen zehn Käfige sind vom Wind hundert Meter weit in die Mitte der Bucht getrieben worden. »Da hängen zwei Anker dran, die je eine halbe Tonne wiegen«, sagt Pottinger. Als die Sonne für einen kurzen Augenblick hervorkommt, schillert das Wasser wie ein Regenbogen. Das Öl ist in der Bucht angekommen. Noch ist es lediglich ein dünner Film, der auf dem Wasser schwimmt. Lord Caithness, der britische Staatssekretär für Schiffahrt, hat das Problem am Vortag heruntergespielt: »Das Öl schwimmt oben, und die Fische schwimmen unten«, hat er gesagt. »Da kann eigentlich nicht viel passieren.« Pottinger hebt resignierend die Schultern: »Und das sind die Leute, die dieses Land regieren.«

An der anderen Seite der Käfige hat inzwischen ein weiteres Boot angelegt. Die Besatzung des »Skimmer Dim« will dabei helfen, neue Anker zu befestigen. »Wir wissen nicht, wie die Käfige unten aussehen«, sagt Pottinger. »Bei dem Wetter kann man keinen Taucher runterschicken.« Nachdem er mit seinen Leuten eine halbe Stunde lang die Schäden notdürftig repariert hat, bricht er die Aktion ab. Der Sturm hat weiter zugenommen, die Laufstege schwanken bedrohlich. »Es hat keinen Sinn, die Schwimmbarrieren anzubringen«, sagt er. »Der Wind würde das Öl darüber hinwegdrücken.«

Auf der kurzen Rückfahrt zum Ufer steht Pottinger schweigend am Steuerrad. Als wir anlegen, sagt er niedergeschlagen: »Norwegischer Lachs wird jetzt teurer werden. Irgend jemand profitiert immer von einer Katastrophe.«

Mit dem Hirschjäger-Expreß ins Hochland

Als es draußen langsam hell wird, ist der Zug schon weit hinter Glasgow. Bei Garelochhead steigen die Gleise steil an, das Meer entzieht sich langsam dem Blick: Das schottische Hochland beginnt. Plötzlich legt sich der Zug in einer langgezogenen Kurve ein wenig auf die linke Seite, so daß man durch das Fenster tief ins Tal auf den Loch Long blickt. Auf dem See schippern ein paar Ausflugsboote, die meisten liegen jetzt in der Vorsaison jedoch noch vertäut im Hafen von Arrochar.

Der Schlafwagenschaffner serviert dünnen Kaffee und ein Hörnchen mit Butter und Marmelade. Die Abteile sind winzig, die Etagenbetten aber bequem, wenn man nicht besonders groß ist. Der »Western Highlander«, wie der Nachtzug offiziell heißt, fährt abends um halb neun vom Londoner Bahnhof Euston ab und kommt zwölf Stunden später in Fort William an. Sein Spitzname lautet »Hirschjäger-Expreß«, weil er von den schottischen Lords und Unterhausabgeordneten am Wochenende für Heimatbesuche genutzt wird.

Eigentlich hätte der Schlafwagenzug für immer eingemottet werden sollen, wenn es nach der Eisenbahngesellschaft British Rail gegangen wäre. Man wollte das Eisenbahnnetz ausdünnen und die unrentablen Strecken dichtmachen, um die Staatsbahn für die Privatisierung flottzukriegen. Jedes Ticket müsse mit umgerechnet mehr als tausend Mark subventioniert werden, behauptete British Rail. Stimmt nicht, widersprachen die »London Friends of the West Highland Line«, eine Bürgerinitiative zur Rettung der Strecke: In Wirklichkeit liege die Zahl bei hundert Mark – das ist etwa genausoviel, wie die Königliche Oper an Zuschüssen pro Sitzplatz kassiere.

Nach Arrochar führt die Eisenbahnstrecke zum Loch Lomond, dem größten Binnensee Großbritanniens, und läuft für die nächsten vierzig Kilometer am Ufer entlang. Der See hat dreißig Inseln, darunter Inchmurrin mit den Ruinen des Lennox Castle. Inchmurrin und eine weitere Insel, Inchclonaig, wurden früher dazu benutzt, Alkoholiker und Geisteskranke zu isolieren. Am Ende des Loch Lomond, hinter Ardlui, geht es bis Crianlarich wieder bergauf. Hier teilt sich die Strecke: Richtung Westen gelangt man nach Oban, nördlich führt die Strecke weiter nach Fort William. »Früher sah man Crianlarich als Grenze der Zivilisation an«, heißt es in einem Eisenbahnführer von 1894, dem Jahr, als der Bahnhof eröffnet wurde. Das Originalgebäude steht nicht mehr, es brannte im März 1962 ab. Auch die früher bei den Reisenden so beliebten Picknickkörbchen, die auf dem Bahnsteig verkauft wurden, gehören der Vergangenheit an, seit in den zwanziger Jahren Speisewagen an den Zug gehängt wurden.

In Crianlarich steigt eine Wandergruppe aus: fünf Mädchen, zwei Jungen und der erwachsene Gruppenleiter. Alle tragen Wanderstiefel und graue Wollkniestrümpfe. Vom Bahnhof führt ein Fußweg zum »West Highland Way«, einer Wanderstrecke von Glasgow nach Fort William, die bis zum zwanzig Kilometer nördlich gelegenen Bridge of Orchy parallel zur Eisenbahnlinie verläuft. Danach führt der Wanderweg nordwestlich durch die Berge nach Fort William, während die Bahn einen achtzig Kilometer langen Bogen durch das Moor von Rannoch im Norden schlägt. Zwischen dem Fluß Orchy und der Bahnstrecke kann man einen riesigen Findlingsstein sehen. Laut Überlieferungen soll ein kräftiger junger Mann vom *clan* der MacGregors versucht haben, den Stein vom Gipfel des Ben Doran quer über das Tal zum Hügel auf der gegenüberliegenden Seite zu werfen, was ihm nicht ganz gelang.

Das dreißig Kilometer breite Hochmoor beginnt bei Garton, dessen Bahnhof nicht mehr in Betrieb ist. Ein alter Eisenbahnwaggon auf einem Abstellgleis diente früher als Schule für die Eisenbahnerkinder. Die Moorlandschaft, die sich bis zu den schneebdeckten Grampians am Horizont hinzieht, ist von faszinierender Eintönigkeit. Mitten hindurch führt ein schmaler Pfad nach Kingshouse, wo er auf den West Highland

Way trifft. Schilder warnen davor, vom Pfad abzuweichen: Viele Menschen sind im Moor verschwunden, vor allem am Anfang des Jahrhunderts, als in Kinlochleven ein Aluminiumschmelzofen gebaut wurde und mancher Bauarbeiter eine Abkürzung durchs Moor nehmen wollte. Rannoch Moor ist übrigens der Schauplatz von Robert Louis Stevensons Roman »Kidnapped«.

Der Bahnhof Rannoch und das benachbarte Hotel – der ehemalige Bahnhof – sind die einzigen Gebäude weit und breit. Der Zug hält kurz an, doch niemand steigt ein oder aus. Als die Gleise vor hundert Jahren hier verlegt wurden, mußten Tonnen von Sand und Schotter herangeschafft werden, sonst hätten die Schienen auf dem weichen Boden keinen Halt gehabt. Nördlich vom Bahnhof führt die Strecke über einen Stahlviadukt mit neun Pfeilern, die längste Brücke bis Fort William, bevor sie scharf nach Nordwesten abbiegt und den Cruach Hill hinaufsteigt. Damit die Bahn auch im Winter verkehren kann, sind die Gleise an dieser Stelle von einem Schneefang überdacht. Am Gipfel liegt Corrour, mehr eine Haltestelle als ein Bahnhof – mit 430 Metern der höchste Punkt der Linie. Dicht neben den Gleisen grasen ein Dutzend Rehe in der Heide.

Bei Luibruaridh läßt der Zug die Wildnis hinter sich, die Landschaft wird grüner und sanfter. Tief unten liegt Loch Treig, doch die Strecke ist jetzt abschüssig, so daß der Zug schon bald auf der Höhe des Ufers ist und dann am Fluß Spean entlangfährt. Das Tal wird bis zur Monessie-Schlucht immer schmaler. Die Wasserfälle bei Monessie seien, so heißt es in dem alten Eisenbahnführer, »die Verkörperung des Geistes der Highlands: stolz, turbulent und unbezähmbar«.

Der Bahnhof Roy Bridge besteht lediglich aus einem kleinen Plastikunterstand in den Büschen. Rechts davon erhebt sich der Mullroy, auf dem im 17. Jahrhundert die letzte Schlacht der *clans* in Schottland stattgefunden hat. Links vom Bahnhof, im Keppoch House, lebte früher der *clan chief* der McDonells von Keppoch. Als er 1663 starb, kamen seine beiden Söhne aus dem Internat in Frankreich zurück und luden ihre sieben Cousins zum Essen ins Haus ein. Die undankbaren Vettern brachen einen Streit vom Zaun, erdolchten die Brüder und rissen sich deren Erbe unter den Nagel. Als der Barde von Kippoch, der alte Ian Lom, davon hörte, besorgte er sich im nördlich gelegenen Invergarry Verstärkung, zog mit fünfzig Mann zum Keppoch House und schnitt den sieben Cousins die Köpfe ab. Dann ritt er mit seiner Beute im Gepäck zurück nach Invergarry und warf die Köpfe unterwegs in einen Brunnen am Ufer des Loch Oich. Der Brunnen heißt heute *Tober-na'n-Ceann*, »Brunnen der Köpfe«.

Die Gleise führen jetzt am Südufer des Spean nach Spean Bridge, wo man früher nach Fort Augustus umsteigen konnte. Die Strecke, die 1903 eröffnet worden war, wurde bereits drei

Jahre später vorübergehend und 1933 endgültig geschlossen. Heute fährt ein Bus vom Bahnhof nach Invergarry und Fort Augustus. Die Gärten hinter den kleinen Reihenhäusern reichen bis an den Bahndamm, und kurz darauf tauchen schon die ersten Ausläufer von Fort William auf.

Fort William liegt am Fuße des 1344 Meter hohen Ben Nevis, des höchsten Berges Großbritanniens, der aber meist in Nebel gehüllt ist. Der Ort ist das bedeutendste Fremdenverkehrszentrum der westlichen Highlands, er ist sowohl mit dem Atlantik im Westen als auch, durch den Caledonian Canal, mit der Nordsee verbunden. Mit dem Aufschwung des Tourismus ist Fort William rasch gewachsen. Reiseführer aus den siebziger Jahren geben Einwohnerzahlen von fünftausend an, heute sind es mehr als doppelt so viele. Der Kopfbahnhof von Fort William ist die Endstation des Western Highlander. Um nach Mallaig an der Nordwestküste zu gelangen, muß man in einen Vorortzug umsteigen.

Als die Western Highland Railway nach Fort William 1894 fertiggestellt war, setzten schon bald Bemühungen ein, die Strecke nach Mallaig zu verlängern. »Damals stießen die Bedürfnisse der benachteiligten Regionen nicht auf vollkommen taube Ohren bei der Regierung«, heißt es mit vorwurfsvollem Unterton in einer Eisenbahnbroschüre. Dennoch dauerte es mehr als vier Jahre, bis die 65 Kilometer lange Strecke durch Täler, über Flüsse und unter Bergen hindurch fertiggestellt war. Dabei wandte man neue Bautechniken an und benutzte einen damals relativ neuen Baustoff: Beton. Am 1. April 1901 wurde die Bahn in Betrieb genommen.

Zwischen Fort William und Mallaig wohnten damals nur fünf Menschen pro Quadratkilometer, was viele am Sinn der Strecke zweifeln ließ. So wurden zunächst vor allem Fisch und Schlachtvieh mit der Bahn transportiert. An der Bevölkerungsdichte, so scheint es, hat sich bis heute nichts geändert, doch im Sommer ist in dem Zug kaum ein Sitzplatz frei, weil die Strecke bei Touristen sehr beliebt ist. Die Eisenbahngesellschaft setzt deshalb während der Saison auch Dampflokomotiven ein.

Nachdem der Zug den Caledonian Canal bei Bonavie überquert hat, läßt er die häßlichen Wohnsiedlungen und das Industriegebiet von Corpach schnell hinter sich und fährt für eine Weile am Ufer des Loch Eil entlang, bis er nach Westen in Richtung Glenfinnan abbiegt. Die Strecke ist ein Meisterwerk der Baukunst: Immer wieder mußten Tunnel in die Berge gesprengt und Viadukte über Täler und Gewässer gebaut werden. Der längste Viadukt bei Glenfinnan, wo der Finnan in den Loch Shiel mündet, ist 137 Meter lang und besteht aus 21 Bögen, die bis zu 33 Meter hoch sind. Südlich davon, am Ufer des Loch Shiel, befindet sich das Glenfinnan-Denkmal, das 1815 in Erinnerung an den zweiten Jakobiteraufstand im 18. Jahrhundert errichtet wurde.

»Fünf Minuten Zigarettenpause«, ruft der Schaffner am Bahnhof Glenfinnan, denn im Zug darf nicht geraucht werden. Hinter Glenfinnan führt die Strecke bergauf durch zwei Tunnel und über zwei Viadukte, fällt danach steil zum Loch Eilt ab und verläuft bis zum unbemannten Bahnhof Lochailort – früher das größte Lager der Bahnarbeiter – durch eine »Landschaft von wilder Schönheit, der kalte Tinte niemals gerecht werden« könne, wie es in einem historischen Eisenbahnbuch heißt. Der »Staunfaktor« sei nirgendwo in Großbritannien größer als hier, behauptet auch der Zugschaffner und erklärt: »Der Staunfaktor ist die Landschaftsmenge geteilt durch die Aufnahmefähigkeit.«

Kurz nach Lochailort überquert der Zug das Mamrie-Tal auf einem weiteren Viadukt, von wo aus man tief unten Loch-nan-Uamh, die Bucht der Höhlen, sehen kann. Vor genau 250 Jahren ankerte hier die französische Fregatte »Doutelle«. An Bord empfing Bonnie Prince Charlie die *clan chiefs* und plante gemeinsam mit ihnen den Aufstand, der jedoch in einer verheerenden Niederlage und der Zerschlagung des Clansystems endete.

Die letzten zwölf Meilen bleibt die Eisenbahn in Küstennähe und fährt nach Arisaig und Morar und schließlich hinab in den Sound of Sleat nach Mallaig, der Endstation. Mallaig ist ein verschlafener Fischerort, der im Sommer zum Leben erwacht: Er ist das Tor zu den Inneren Hebriden.

Aberdeens langsamer Niedergang

Aberdeen ist eine reiche Stadt, das merkt man sofort: prächtige Villen in den Vororten, intakte Häuser in der Innenstadt, Kunstgalerien, Museen, exklusive Restaurants. Niemand bettelt. In den Parks und Gartenanlagen wachsen 17 Millionen Blumen, die Stadt wird deshalb »die Blume Schottlands« genannt.

Aberdeen im Nordosten Großbritanniens ist die Ölhauptstadt Europas. Großbritannien ist seit 1982 Selbstversorger. In Schottland arbeiten 130.000 Menschen in der Ölindustrie, siebzigtausend davon in Aberdeen – das ist jeder fünfte. Die Arbeitslosigkeit liegt unter zwei Prozent, kaum eine andere Region im Vereinigten Königreich hat eine solch niedrige Zahl aufzuweisen.

Seit der Entdeckung des Nordseeöls Anfang der siebziger Jahre sind die wirtschaftlichen Entscheidungen in London oder Edinburgh für Aberdeen kaum von Interesse, wichtiger sind Ereignisse in Kuwait oder dem Golf von Mexiko, denn in Aberdeen regieren die internationalen Ölkonzerne.

Deshalb geht in der Stadt die Angst um. Der Ölpreis ist im Winter 1998/1999 unter zehn Dollar pro Barrel von 159 Litern gefallen, so niedrig war er seit 1986 nicht mehr. Der Durchschnittspreis für Nordseeöl lag 1998 bei gut 13

Dollar, im Jahr davor waren es noch mehr als 19 Dollar. Schuld an dem Preisverfall war die schwache Nachfrage aufgrund eines milden Winters, hinzu kamen die Asienkrise und die Zunahme der Welterdölförderung auf rund 75 Millionen Barrel pro Tag – mit anderen Worten: Die Welt schwimmt im Öl.

Noch macht sich in der Ölindustrie keine Panik breit, denn die Produktionskosten sind in den vergangenen Jahren erheblich gesunken. Auch bei einem Preis von zehn Dollar pro Barrel sind die meisten Nordsee-Ölfelder noch rentabel. Die Erschließung neuer Felder lohnt sich bei einem solchen Preis jedoch nicht, sagt John Wills, Sprecher der schottischen Ölindustrie. »Wir konkurrieren mit anderen Regionen in der Welt um die Investitionen der internationalen Ölkonzerne«, sagt er. »Unsere Produktions- und Entwicklungskosten sind vergleichsweise hoch. Es liegt also in unserem Interesse, die Kosten zu senken.«

Bis zum Jahr 2002 sollen die Förderkosten auf acht Dollar pro Barrel gedrückt werden, langfristig sogar auf sechs Dollar. Allerdings waren die Investitionen in Forschung und Entwicklung neuer Technologien in der Ölindustrie bisher sehr niedrig. Die Ölkonzerne reagieren auf den Preisverfall statt dessen mit verstärkter Zusammenarbeit und Fusionen, um Kosten zu sparen – vor allem durch Entlassungen. Nach dem Zusammenschluß von BP und Amoco wurden sechstausend Leute entlassen, zweihundert davon in Aberdeen, die Fusion von Oryx und Kerr McGee führte gar zum Abbau von vierzig Prozent der Arbeitsplätze. Auch Shell, Amerada Hess, Phillips Petroleum, Texaco und eine ganze Reihe von Bohrfirmen haben Arbeitskräfte entlassen.

Das Nordseeöl reicht noch bis zum Jahr 2020, wenn man eine Million Barrel im Jahr fördert und keine neuen Felder erschließt. Doch diese Kalkulation basiert auf einem Ölpreis von 18 Dollar pro Barrel. Wenn er sich nicht erholt, könnte der Termin für die Verschrottung der Nordseebohrinseln vorverlegt werden, sagt Wills. Rob McKee, der Produktionschef der US-Ölgesellschaft Conoco, die zu siebzig Prozent im Besitz von Du Pont ist, sagt: »Wie lange der Preis so niedrig bleibt, hängt davon ab, wann die Nachfrage wieder steigt und ob die OPEC wieder etwas Schutz bietet.«

Es sind jedoch gerade die Länder außerhalb der OPEC, in denen die Förderung zugenommen hat, die OPEC-Länder haben nur zu dreißig Prozent dazu beigetragen. McKee hält es jedoch für unwahrscheinlich, daß die Länder außerhalb der OPEC die Produktion einschränken werden: »Wir haben von den Vorteilen der freien Marktwirtschaft profitiert, jetzt müssen wir auch mit den Nachteilen leben.«

Die Ölindustrie in Schottland hat ihren Zenit überschritten, die kostensenkenden Maßnahmen der Ölkonzerne können den Niedergang höchstens verlangsamen. Künftig müssen alternative Energiequellen entwickelt werden, sagt Wills: »Es bleibt zu hoffen, daß die Menschen, die heute in der Ölindustrie in Aberdeen arbeiten, nach dem Jahr 2020 in den alternativen Energiesektor überwechseln können.«

Noch sind die Jobverluste in Aberdeen nicht dramatisch, zumal viele Unternehmen in den vergangenen Jahren ihren Hauptsitz von London in das billigere Aberdeen verlegt haben, zuletzt Oryx-Kerr McGee. Doch die Sparmaßnahmen der Ölkonzerne machen sich in Europas Ölhauptstadt in anderen Bereichen bemerkbar, wenn man hinter die Kulissen blickt: Die Restaurants sind nicht mehr so gut besucht, die hohen Angestellten versuchen nicht mehr, ihre Geschäftspartner mit teurem Wein zu beeindrucken. Gerard's, eines der vornehmsten Restaurants der Stadt, hat seit mehr als einem Jahr keinen Château Latour von 1953 für 150 Pfund verkauft.

Auch das Weihnachtsgeschäft war für die meisten Restaurants enttäuschend, da die Angestellten der Ölfirmen ihre Weihnachtsfeiern erstmals aus eigener Tasche bezahlen mußten. Die Taxi-Unternehmen klagen ebenfalls über Einbußen. Früher zahlte die Ölfirma den Arbeitern auf den Bohrinseln ein Taxi zum Flughafen, leitende Angestellte kamen mit dem Taxi zur Arbeit. Das ist vorbei. Aberdeen ist, wenn auch langsam, auf dem Weg, eine ganz normale schottische Stadt zu werden.

Ein seltsamer Hauch von Kreosot und Waffenöl

Ich überlasse Richard Mohan die Wahl. In Anbetracht der weit über hundert Flaschen Whisky, alle ordentlich mit einer Nummer versehen, kann ich mich nicht entscheiden. »Nicht zu torfig«, ist meine einzige Bedingung. Der Whisky, der mir serviert wird, schmeckt laut zugehörigem Informationsblatt nach »Geißblatt und Leinöl mit kräftigem Abgang«. Der Tropfen ist zehn Jahre alt und enthält 56,9 Prozent Alkohol, Donnerwetter! Und es ist erst zwölf Uhr mittags.

Die meisten Whiskys, die man im Laden kauft, sind mit Wasser auf vierzig Prozent verdünnt. Das ist bei der Malt Whisky Society in Edinburgh verpönt. Keine Flasche hat unter fünfzig Prozent, manche haben sogar 66. Allerdings, so lautet die eine der zwei Grundregeln an der Wand, solle man niemals Whisky ohne Wasser trinken. Die andere Regel: »Trinke niemals Wasser ohne Whisky.« Ein paar Tropfen Wasser, so erklärt Sibh Megson, bringen den Geschmack des Whiskys erst richtig zur Geltung.

Sibh Megson ist Leiterin der Vertriebsabteilung bei der Scotch Malt Whisky Society in Edinburgh. Die Gesellschaft ist 1982 als privater Club der Whiskyfreunde gegründet worden. Die Zweckgemeinschaft legte zusammen, kaufte

Fässer voller Whisky direkt von den Brennereien und füllte sie privat ab. Seit 1983 kann jeder Mitglied werden, vorausgesetzt, er mag Whisky und zahlt den Beitrag – darin enthalten ist eine Flasche Whisky.

Richard Mohan, der Diplombiologe, der nach seinem Umzug von Irland nach Schottland zum Scotch konvertierte, ist seit zehn Jahren Mitglied. Er hatte seinen Beitritt mit Freunden an einem feuchtfröhlichen Abend in den Räumen der Gesellschaft gefeiert, als er am nächsten Morgen feststellte, daß seine Flasche Begrüßungsmalt verschwunden war. Auch bei der Whisky Society war sie nicht aufzufinden, aber man versprach, ihm eine neue zu schicken. Am nächsten Tag traf sie gut verpackt und wohlbehalten ein. Einen Tag später kam wieder eine Flasche und am dritten Tag noch eine. Offenbar hatte es bei der Whisky Society Kommunikationsschwierigkeiten gegeben. Eine Woche später bekam Richard einen Anruf von seinen Freunden: »Du warst an dem Abend so betrunken, daß wir die Flasche sichergestellt haben, weil wir Angst hatten, du würdest sie fallenlassen.«

Die Scotch Malt Whisky Society wird das vierfache Begrüßungsgeschenk verschmerzen können, inzwischen hat sie allein in Großbritannien mehr als 15.000 Mitglieder, die den Whisky direkt bei der Society oder per »Mail Order« kaufen können. Die Gesellschaft läßt sich von den Brennereien Proben schicken, die hauseigenen Experten prüfen den Tropfen und entscheiden, ob das Faß gekauft werden soll. Ist ihr Urteil positiv, füllt die Whisky Society das Getränk in Flaschen – mit eigenem Etikett, das zwar über Alkoholstärke, Monat der Destillation und der Abfüllung informiert, nicht jedoch über den Namen der Brennerei. Das wollen die Brennereien, deren Erzeugnis zu den wichtigsten Exportgütern Britanniens zählt, nämlich nicht, denn ihr Markenname steht für ein bestimmtes Produkt, dessen Geschmack und Qualität jahrein, jahraus gleichbleibend ist. Das erreicht man aber nur, wenn verschiedene Fässer gemischt werden. Beim Whisky hängt viel vom Faß ab, das Holz habe einen großen Einfluß auf den Whisky, sagt Sibh Megson. Es gibt der geschroteten Gerste, die mit heißem Wasser aufgeweicht, mit Hefe vergoren wird und dann in Destillierapparaten, den *stills,* zum Whisky reift, die Farbe und den unverwechselbaren Geschmack.

So enthalten die Fässer, die die Malt Whisky Society kauft, ein einmaliges Produkt. Der Whisky hat die Alkoholstärke, die er auf natürliche Weise mit den Jahren erreicht hat. Der Gedanke an eine Filterung würde den Puritanern die Haare zu Berge stehen lassen. »Damit würdest du auch bestimmte Aromastoffe herausfiltern«, sagt Richard Mohan.

Um den Mitgliedern Anhaltspunkte zu geben, veröffentlichen die Experten ihre Urteile im regelmäßig erscheinenden Vereinsblatt. Da ist dann von einem »seltsamen Hauch von Kreosot und Waffenöl, von alten Zäunen und gerade abgefeuerten Pistolenläufen« die Rede. Einem anderen Whisky bescheinigen sie eine »leicht medizinische Note, wie Gipsverbände, dann Earl-Grey-Tee und einen Hauch von Teer«. So etwas soll man trinken? Kein Wunder, daß die Brennereien ihre Namen nicht auf dem Etikett sehen wollen.

Wer aufpaßt, findet den Hersteller aber doch heraus, und zwar anhand der Nummern auf den Etiketten. Die Nummer 4.46 bedeutet zum Beispiel, daß die Flasche aus dem 46. Faß der vierten Brennerei stammt, und wenn man aufmerksam das Vereinsblatt studiert, kann man aus den versteckten Hinweisen kombinieren, daß es sich dabei um Highland Park handelt. Aus dem Vereinsblatt erfährt man auch, daß die Franzosen mehr Scotch im Monat trinken als Cognac im Jahr, und daß Königin Victoria jeden Tag einen *wee dram* in ihren Tee geschüttet haben soll. Ein *wee dram*, das ist ein kleiner Schluck Whisky, kein geeichtes Maß – es kommt auf die Großzügigkeit des Gastgebers an.

Bei der Scotch Malt Whisky Society erhält man den in Pubs üblichen Fingerbreit, aber der »Members' Room«, wie es auf dem Messingschild an der Tür heißt, ist alles andere als ein gewöhnlicher Pub: ein hoher Saal mit großen Fenstern, Kronleuchtern und einem dicken Teppich. An der schmalen Seite befindet sich ein

Kamin, daneben stehen zwei schwere, grüne Sessel, ein Sofa, in der Ecke eine Chaiselongue. In der Mitte des Raumes steht ein langer Holztisch, groß genug für 18 Personen. Ein Club aus den dreißiger Jahren für Gentlemen, so ist der erste Eindruck. Zehn Prozent der Mitglieder seien Frauen, betont Sibh Megson. Neben der Bar liegt ein dickes Gästebuch, in dem Besucher sich verewigen und Bemerkungen abgeben können. »Hier könnte man sich direkt an Whisky gewöhnen«, schrieb ein Werner aus Wattenscheid.

Es ist ruhig um die Mittagszeit, aber keineswegs leer. Eine Gruppe von Geschäftsleuten nimmt Sandwiches zum Lunch ein, der Kaffee ist kostenlos. Wenn man aus dem Fenster schaut, sieht man einen häßlichen Wohnsilo aus den sechziger Jahren, wie es so viele gibt in Leith, dem Hafen von Edinburgh mit seinem winzigen Rotlichtviertel. Die Scotch Malt Whisky Society residiert dagegen in einem wuchtigen Bau aus unbehauenem Stein: *The Vaults* heißt es, »Das Gewölbe«. Es ist das älteste Gebäude in Leith, und bis 1983 war es das älteste Lagerhaus Schottlands, das noch seinem ursprünglichen Zweck diente – der Lagerung von Wein. Die Römer hatten im ersten Jahrhundert Wein nach Britannien eingeführt, die Mönche importierten später Wein aus Gallien, der Hauptumschlaghafen war Leith. Im 15. Jahrhundert gründeten die Orden die Gilde »Bruderschaft von St. Anton«, die den Weinhandel kontrollierte und Abgaben beanspruchte. Nach der Reformation verloren sie das Monopol.

Wer die *Vaults* gebaut hat, steht nicht fest, aber man vermutet, daß es die Mönche der Holyrood-Abtei waren. In ihren Annalen ist am 27. März 1439 die Rede von einem solchen Gebäude. Ein Großteil von Leith wurde bei den Überfällen des Grafen von Hertford in den Jahren 1544 und 1547 zerstört. Der Graf handelte im Auftrag Heinrichs VIII., der damit auf eigentümliche Art um die Hand Maria Stuarts anhielt. Da das Gewölbe unterirdisch lag, überstand es die Angriffe unversehrt.

1580 wurde ein einstöckiges Gebäude, der Auktionsraum, über dem Gewölbe errichtet und in den folgenden Jahrzehnten immer wieder umgebaut und erweitert. Das Gebäude in seiner heutigen Form stammt aus dem Jahr 1785. Es gehörte damals der Thomson-Familie, die noch immer in Edinburgh mit Wein handelt. Der frühere Auktionsraum beherbergt heute ein exklusives Restaurant, The Vintner's Room.

Richard Mohan hat inzwischen zwei Whisky Nummer 36.13 bestellt, also aus dem 13. Faß der 36. Brennerei, die »im höchsten Ort der Highlands liegt und nach ihm benannt ist«. Tomintoul? Wenn man jetzt die schottische Geographie beherrschte! Jedenfalls soll er nach »künstlichen Himbeeren, dann nach Marshmallows und poliertem Holz« schmecken. Gibt man Wasser hinzu, entfalte sich »Bubblegum mit einer leicht wachsigen Note«. 17 Jahre ist der Whisky alt, das Faß hat 216 Flaschen ergeben, jede kostet umgerechnet 140 Mark. Das ist der Whisky wert, meint Richard und fragt: »Verstehst du nun, warum auf manchen Inseln noch heute Neugeborene mit Whisky getauft werden?«

Camraisten gegen Hühnerpisse

Wir standen an der Theke der Scotia Bar, Glasgows ältester Kneipe aus dem Jahr 1792, und Rodney fragte: »Was willst du trinken?« Ich machte den ersten Fehler: »Ich nehme das gleiche wie du.« Rodney bestellte zwei Theakstons Best Bitter, die in Sekundenschnelle serviert wurden. Das machte mich mißtrauisch. Zu Recht. Ich probierte vorsichtig von der schaumkronenlosen Brühe und flüsterte Rodney zu: »Das Bier ist schal.«

Das war der zweite Fehler. Rodney drehte sich um und rief lauthals durch die Kneipe: »Hört mal, der Typ behauptet, das Theakstons wäre schal!« Und dann zu mir gewandt: »Das liegt daran, daß du nur Hühnerpisse gewöhnt bist. Das hier ist ein richtiges Bier.«

Ich hätte es ahnen müssen: Hinter Rodneys freundlichem Äußeren verbarg sich ein knallharter Camraist. Camra ist die »Campaign for Real Ale«, eine Gesellschaft mit beschränkter Haftung, die es sich zur Aufgabe gemacht hat, Leute wie mich zu konvertieren. Real-Ale-Trinker sind wie Missionare, und eine Beleidigung ihres obergärigen Getränks ist Blasphemie. Camra wurde 1971 gegründet und hat heute 33.000 Mitglieder in Großbritannien.

Ein Großteil davon befand sich offenbar ausgerechnet in der Scotia Bar. Eine wunderbare Kneipe übrigens: Sie ist Hauptquartier der linken Schriftsteller, und als Glasgow 1990 Kulturhauptstadt war, wurde das offizielle Brimborium in der Scotia Bar täglich durch den Kakao gezogen.

Doch jetzt kamen sie aus dem Nebeldunst, der unter der extrem niedrigen Decke hing, auf mich zu. »Du hast ja keine Ahnung von Bier«, behauptete ein Weißhaariger. »Das ist die traditionelle britische Brauart. Das Bier wird nicht pasteurisiert oder gefiltert, sondern gärt im Faß weiter. Das braucht keine zusätzliche Kohlensäure.« Das sah ich anders, behielt meine Meinung angesichts der Camra-Übermacht jedoch für mich.

In den fünfziger und sechziger Jahren gaben die meisten Brauereien die traditionelle Brauart auf und produzierten statt dessen ein dünnes und geschmacksneutrales helles Bier, das sogenannte Lager. Camra hat jedoch dafür gesorgt, daß der Marktanteil von Real Ale heute wieder bei 15 Prozent liegt. Rodney hatte es sich in den Kopf gesetzt, diesen Prozentsatz umgehend zu erhöhen. »Versuch doch mal ein anderes Bier, zum Beispiel Greenmantle Ale.«

Ich machte den dritten Fehler und nickte schwach. Im Handumdrehen stand die trübe Suppe vor mir, die so schmeckte, als ob sie drei Tage offen im Kühlschrank gestanden hätte. Dazu reichte mir der Wirt eine kleine Broschüre:

»The Dear Green Pint«, einen Real-Ale-Führer für Glasgow, durch den sich wie ein roter Faden Gemeinheiten gegen Leute zogen, die noch nicht erleuchtet waren. Im Anhang befand sich ein Camra-Beitrittsformular. Mit der Unterschrift wurde man nicht nur 14 Pfund los, sondern unterwarf sich auch den Gesetzen der Kampagne. Was hieß das? »Jeden Tag ein Real-Ale-Vollrausch für die gute Sache«, erklärte Rodney.

Inzwischen hatte ich auch das Greenmantle Ale mit Hilfe eines schottischen Whiskys heruntergespült, was mir ungeahnten Mut verlieh. Ich bestellte laut und deutlich ein Glas Hühnerpisse und erhielt anstandslos ein Lager. Die Bier-Aktivisten straften mich mit verachtenden Blicken. Rodney, der offenbar befürchtete, man könnte ihn für mich haftbar machen, murmelte entschuldigend: »Na ja, er ist Ausländer.« Er sah staunend zu, wie ich das Helle freiwillig in mich hineinschüttete. Zugegeben – britisches Lagerbier ist wirklich furchtbar. Aber wenigstens sprudelt es.

Drei Japaner im Whiskyfaß

Es war immer mein Traum, einmal in einem Whiskyfaß zu sitzen. Dieses ist jedoch leer und rollt, elektrisch angetrieben, auf Rädern durch die Hallen des schottischen Whiskyzentrums in Edinburgh: dreihundert Jahre Whiskygeschichte in fünfzehn Minuten.

Es beginnt 1687. Die erste Station ist ein düsteres Zimmer einer strohgedeckten Hütte auf einer Hebrideninsel. Aus dem Inneren meines Fasses ertönt eine Stimme vom Band, die mir erklärt, daß die Kleinbauern damals ihre Pacht mit Whisky bezahlt haben. Der Bauer, eine Plastikfigur in zerfetzter Kleidung, sitzt vor seiner Destille, das künstliche Torffeuer in der Kaminattrappe strömt künstlichen Brandgeruch aus. Vor dem Kamin liegt eine staubige Katze, in der Ecke sitzt ein Japaner. Ein Japaner? In wattierter Jacke und Turnschuhen? Da haben sich die Whiskygeschichtler aber einen bösen Schnitzer erlaubt.

Als ob er meine Gedanken erraten hätte, steht der Japaner plötzlich auf, und mir stehen die Haare zu Berge. Zwei seiner Landsleute kommen hinter den Kulissen hervor, die drei setzen sich in mein Nachbarfaß. Sie sind sternhagelvoll, obwohl auch ihr Faß leer ist. Sie seien in der Bar des Whiskyzentrums einer schottischen Gesellschaft von Whiskyliebhabern beigetreten, erklärt mir einer der drei jungen Männer. Für fünf Pfund Jahresbeitrag erhält man vier erlesene Malzwhiskys. »Allemal billiger, als wenn man die Getränke einzeln gekauft hätte«, lallt er. »Und nach der ersten Runde im Whiskyfaß sind wir nochmal beigetreten, weil die Barleute inzwischen Schichtwechsel hatten.«

Wir sind, was die Whiskygeschichte betrifft, beim englisch-französischen Krieg angekommen, der auf englischer Seite durch eine Erhöhung der Whiskysteuer finanziert wurde. Das führte zu einem Aufschwung der Schwarzbrennerei in den Stichtälern der schottischen Highlands. Die Japaner versuchen, der Schwarzbrenner-Attrappe die Flasche zu entwenden, springen aber erschreckt zurück ins Faß, als ein Blitz den Raum erhellt. Das Kunstgewitter soll jedoch die kriminellen Aktivitäten des Schwarzbrenners, und nicht die der Japaner, untermalen.

Hinter der nächsten Kurve liegt das Jahr 1822. Damals hat König George IV. die schottische Hauptstadt besucht. Die Freude und der Stolz darüber waren in Edinburgh so groß, daß die Männer fortan wieder Röcke trugen und Unmengen von Whisky tranken, erklärt die Faßstimme. Die Japaner vernehmen es rauchend.

Im letzten Raum geht es um den Siegeszug des schottischen Nationalgetränks in diesem Jahrhundert. Auf einem Podest steht ein älterer Japaner mit einem Whiskyglas in der Hand. Der

Vater der drei Saufbrüder etwa? Nein, es ist eine Puppe – zur Illustration, daß man auch in Fernost Whisky trinkt. Das hatten die drei jungen Männer bereits eindrucksvoll bewiesen.

Am Ende der Fahrt leuchtet oben an der Wand ein Schild: »Während der Viertelstunde, die ihre Faßtour gedauert hat, sind weltweit 164.000 Flaschen schottischen Whiskys verkauft worden.« Die drei Japaner beschließen, diese Bilanz umgehend zu verbessern.